Erläuterungen und Dokumente

Friedrich Dürrenmatt
Der Besuch der alten Dame

HERAUSGEGEBEN VON
KARL SCHMIDT

PHILIPP RECLAM JUN. STUTTGART

Der Text von Friedrich Dürrenmatts »Der Besuch der alten Dame« erschien als Einzelausgabe Zürich 1956 u. ö., in dem Sammelband der »Komödien I« Zürich 1957 u. ö. im Verlag der Arche, Peter Schifferli, Zürich

Universal-Bibliothek Nr. 8130
Alle Rechte vorbehalten. © Philipp Reclam jun. Stuttgart 1975
Gesetzt in Petit Garamond-Antiqua. Printed in Germany 1975
Herstellung: Reclam Stuttgart
ISBN 3-15-008130-0

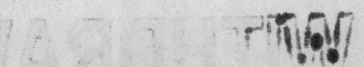

I. Wort- und Sacherklärungen

tragische Komödie: Vgl. Kap. V.

Personen

Zachanassian: Fiktivbildung durch Kontamination. Hans Bänziger (»Frisch und Dürrenmatt«. Bern u. München ⁶1971. S. 288. Anm. 187) vermutet in diesem Namen Reminiszenzen an O*nass*is, aber auch an den Rüstungsmagnaten des Ersten Weltkrieges Basil *Za(c)ha*roff. Es ist nicht ausgeschlossen, daß auch Calouste Sarkis Gulbenk*ian* (1869–1955), britischer Staatsbürger und einer der reichsten Erdölmagnaten, im Namen der Zachanassian mitklingt.

Kondukteur: schweiz. für ›Schaffner‹.

Butler: engl., oberster Diener des Hauses.

Güllen: Der fiktive Ortsname ist von Dürrenmatt wohl in Anlehnung an alem. gülle gebildet, was ›Wasserlache, Tümpel‹ heißt, dann auch ›Kotlache, Sumpf, Ansammlung von Jauche‹ (vgl. frz. gollha, gollie, gouille; rätorom. la gilla).

Erster Akt

Kinderkrippe: Betreuungsstätte für Kinder.

dem naturalistischen Schmierer: abwertend für einen Maler, der ohne formale Ansprüche scheinbar wirklichkeitsgetreu arbeitet.

Berthold Schwarz: dt. Mönch, der um 1330 das Pulver erfunden haben soll.

Ecole des Beaux-Arts: Kunstakademie.

Stadthaus: Rathaus.

Pyramide: Figur im Gruppenturnen, wobei die Turner aufeinanderstehend eine Pyramide bilden.

Freimaurer: Männerbund meist einflußreicher Persönlichkeiten des öffentlichen Lebens mit kosmopolitischen (weltbürgerlichen), aufklärerischen und philanthropischen (menschenfreundlich gesinnten) Zielen. Bei ihren Zusammenkünften zelebrieren die Freimaurer Gebräuche und Riten, die auf Traditionen aus den mittelalterlichen Bauhütten zurückgehen. Da die Freimaurerbewegung, die im 18. Jh. von England nach Deutschland kam, wegen ihrer übernationalen, liberalen Ziele mitunter von Staat oder Kirche angefeindet wurde und die sog. Logen sich auch gegenüber Außenstehenden abschirmten, entstand in der Volksmeinung zeitweise ein ängstliches Mißtrauen ihr gegenüber.

Schulrodel: bayr.-österr., Schulurkunden; von Rodel = (Akten-)Rolle, Register (aus lat. rotula).

Grotesken: grotesk = wunderlich, verzerrt; zu ital. grotta, ›Grotte‹, gehörig. Vgl. Kap. VI.

Sigrist: Kirchendiener; von ital. sagrestano, ›Sakristan‹.

Jüngsten Gericht: Gemeint ist die Darstellung des am Zeitenende richtenden Christus im Tympanon (Giebelfeld) des Münsterportals. Die Bedeutung dieser Bauplastik spielt auf die Thematik des Stückes an.

griechisch-orthodox: christliche Kirche des Ostens, die sich 1054 von der röm.-kath. Kirche getrennt hat; von griech. ὀρθόδοξος aus ὀρθός, ›gerade, aufrecht‹, und δόξα, ›Ansicht, Lehre‹.

Pope: Priester der griech.-orthodoxen Kirche; von lat. papa, ›Vater‹.

Lorgnon: Stielbrille; um 1800 aus dem Französischen ins Deutsche übernommen.

der edlen Frau Musica: allegorische Personalisierung der Musik.

Gören: kleine Mädchen, umgangssprachl.-abwertend; verwandt mit engl. girl.

konsterniert: verblüfft, verwirrt; von lat. consternare, ›in Verwirrung setzen‹.

herkulische: überaus kräftige, starke; nach dem griech. Halbgott Herkules, Sohn des Zeus und der Alkmene, der mit außergewöhnlichen Kräften begabt u. a. die zwölf legendären schwierigen Arbeiten verrichtete.

Monstren: Pl. zu Monstrum, ›Ungeheuer‹.

Manhattan: Insel und Stadtteil in New York.

Sing-Sing: Staatsgefängnis bei der Stadt Ossining (New York).

Louvre: Königspalast, heute Kunstmuseum in Paris.

I. Wort- und Sacherklärungen

Yes, Mam: Kurzform für engl. yes, madam, ›ja, gnädige Frau‹.
Zofen: Kammerjungfern; verwandt mit obersächs. zofflen, ›hinterdreinzotteln‹.
logiert: wohnt.
Emblem: Sinnbild, eigtl. bestehend aus einem Motto, einem Bild und einer dazugehörigen Auslegung mit Maxime, oft jedoch wie hier allgem. im Sinne von Symbol oder Zeichen gebraucht.
Marotten: wunderliche Meinungen oder Gewohnheiten; von frz. marotte, ›Narrenzepter mit einem Puppenkopf‹.
Parze: von lat. parca, ›Gebärerin‹, in der röm. Mythologie Schicksalsgöttin. Vgl. Kap. VIII: Durzak.
Klotho: griech., Spinnerin; in der griech. Mythologie Name der Parze, die den Lebensfaden spinnt.
Lais: Dieses Namens gab es zwei bedeutende griech. Hetären, die ältere aus Korinth zur Zeit des Peloponnesischen Krieges zählte zu ihren Liebhabern den Philosophen Aristippos. Die Jüngere soll um 415 v. Chr. als Kriegsgefangene ins Land gekommen und später in Thessalien erschlagen worden sein. Christoph Martin Wieland (1733 bis 1813) führt beide Lais in seinem Roman »Aristipp und einige seiner Zeitgenossen« als ideale Schönheiten vor.
Orkus: Totenreich, Unterwelt in der röm. Mythologie.
Föhren: Kiefern; aus mhd. vorhe. Die urspr. Bedeutung des Wortes ist Eiche, der Sinn hat sich jedoch im Laufe der Zeit gewandelt.
Visagen: frz., Gesichter; in der dt. Umgangssprache mit abwertender Bedeutung.
Ideale: Vorstellungen von absolut vollkommenen Dingen oder Zuständen; von griech. ἰδεῖν, ›(Vollkommenes) schauen‹; gemeint sind hier sittliche Idealvorstellungen wie Liebe, Ehre, Rechtschaffenheit usw.
mit Schmissen ... im Gesicht: mit Narben im Gesicht, die sich korporierte Studenten beim Gefecht mit Schläger oder Säbel (Mensur) zufügen.
Bonmots: frz., witzige Aussprüche.
Kupplerin: Frau, die – meist gegen Entgelt – Liebesverhältnisse vermittelt.

Appellationsgericht: in der Schweiz zweite gerichtliche Instanz (Berufungsinstanz), die das Recht des Angeklagten gegen Fehler oder Irrtümer eines richterlichen Urteils schützt.
Karriere: berufliche Laufbahn; von lat. carrus, ›Karren‹, über vulgärlat. carraria, ›Karrenweg‹. Gemeint ist urspr. die Rennbahn der Pferdegespanne in der Arena.
Vaterschaftsklage: gerichtliches Verfahren zur Feststellung der leiblichen Vaterschaft eines Kindes.
Eunuchen: entmannte Sklaven im Orient.
Verjährt: juristischer Fachausdruck: Werden gewisse Rechtsansprüche nicht binnen einer gesetzlichen Frist geltend gemacht, so verjähren (= verfallen) sie.
Dirne: hier gleichbedeutend mit Hure; zum idg. Verbalstamm tek-, tok- (= erzeugen) gehörig; die urspr. Bedeutung von Dirne = Mädchen sinkt schriftsprachl. ab bis zu der hier gebrauchten Bedeutung, jedoch im Niederdeutschen (Deern), Bayrischen (Dirndl), im Salzburgischen und in Kärnten behält das Wort seine positive Bedeutung.

Zweiter Akt

Jugendstilfassade: Hausfront im Jugendstil. Zu den besonderen Merkmalen dieser Stilepoche um die Jahrhundertwende gehören u. a. linear-ornamental gestaltete Flächen, oft mit Blumen- und Pflanzenmotiven.
fingierte: vorgetäuschte, ersonnene; von lat. fingere, ›erdichten‹.
feudal: vornehm; urspr. Begriff aus dem Lehnswesen von mlat. feudalis, ›lehensrechtlich‹.
Rezitativ: Sprechgesang, Deklamation zu einer einfachen Akkordbegleitung, in der Oper als Verbindung zwischen den Arien.
Ganghoferfilm: Filme nach Romanen von Ludwig Ganghofer (1855–1920) mit Motiven aus dem Gebirgsbauern- und Jägerleben der Alpenländer in z. T. trivialer Manier.
Graham Greene: engl. Romancier (geb. 1904), auch als Journalist und Filmkritiker tätig. Hier wird vielleicht angespielt auf die Verfilmung von Greenes Roman »Die

I. Wort- und Sacherklärungen

Kraft und die Herrlichkeit«, in dessen Handlungsmittelpunkt ein Priester steht.

Pascha: Titel eines hohen Staatsbeamten oder Generals in der alten Türkei.

Marrakesch: bedeutendste Stadt in Südmarokko.

Ike: Spitzname für Dwight D. Eisenhower, der von 1953 bis 1961 Präsident der USA war.

Nehru: Jawaharlal (1889–1964), indischer Ministerpräsident und Außenminister.

Die Lustige Witwe: Operette von Franz Lehár (1870–1948).

Menuett: höfischer Gesellschaftstanz im 17. und 18. Jh.

Buckinghampalast: Wohnsitz der Könige von Großbritannien in London.

Yorkshire: Grafschaft in Ostengland.

Sphinx: hier Monumentalplastik vor den Pyramiden bei Giseh, ein aus dem Felsen gehauener Löwe mit einem Menschenkopf.

humanistischer Tradition: Gemeint ist vor allem das Leitbild der Wissenschaft, Dichtung und Philosophie seit der Renaissance, das die Würde und Schönheit des Menschen in den Mittelpunkt und Gott in den Randbezirk ihrer Betrachtungen stellt. Der Begriff ist hier jedoch als Phrase gebraucht und besitzt satirischen Charakter.

das moralische Recht: Recht, das auf Normen des Sittlichen (also nicht der äußeren Gesetzgebung) beruht.

Onassis: Aristoteles Sokrates, 1906–75, griechischer Reeder.

Aga: Gemeint ist Aga Khan, das Oberhaupt der islamischen Konfession der Hodschas, eines Zweiges der Ismailiten.

Rivierakram: Gemeint ist die Lebewelt an der ital. und frz. Mittelmeerküste.

Talar: Amtsgewand von Geistlichen und Gerichtspersonen; abgeleitet von lat. talaris ornatus, ›knöchellanges Gewand‹.

Sakristei: Aufbewahrungsort für Kultgeräte und -kleidung in christlichen Kirchen, Vorbereitungsraum für eine Kulthandlung; verwandt mit lat. sacrarium, Ort, wo Heiligtümer aufbewahrt werden.

Beffchen: Halskragen ev. Geistlicher; wohl aus lat. biffa, ›Überwurf, Mantel‹.

Liturgie: Gottesdienst- und Gebetsordnung, von griech. λειτουργία.

Psalmenbuch: Sammlung von 150 hebr. religiösen Liedern, die im Alten Testament zusammengefaßt sind.

Passionsspiele in Oberammergau: Geistliche Schauspiele, die die Leidensgeschichte Christi zum Thema haben und auf Grund eines Gelübdes seit 1634 im Turnus von 10 Jahren aufgeführt werden.

Dritter Akt

hangen: schweiz. für ›hängen‹.

Erster Korinther dreizehn: Erster Brief des Apostels Paulus an die christliche Gemeinde in Korinth. Paulus stellt in dieser Briefstelle die Liebe als die größte christliche Tugend heraus:

»Wenn ich mit Menschen-, ja mit Engelszungen rede, habe aber die Liebe nicht, so bin ich ein tönendes Erz und eine gellende Schelle. Und wenn ich die Prophetengabe habe und alle Geheimnisse weiß und alle Erkenntnis besitze und wenn ich allen Glauben habe, so daß ich Berge zu versetzen vermöchte, habe aber die Liebe nicht, so bin ich nichts. Und wenn ich all meine Habe zu Almosen mache und wenn ich meinen Leib hingebe zum Verbrennen, habe aber die Liebe nicht, so nutzt es mir nicht.

Die Liebe ist langmütig, gütig ist die Liebe, die Liebe ist nicht eifersüchtig, sie prahlt nicht, ist nicht aufgeblasen. Sie handelt nicht taktlos, sie sucht nicht den eigenen Vorteil, sie läßt sich nicht erbittern, sie trägt das Böse nicht nach. Sie freut sich nicht über das Unrecht, freut sich vielmehr mit an der Wahrheit. Alles deckt sie zu, alles glaubt sie, alles hofft sie, alles erträgt sie.

Die Liebe hört niemals auf. Prophetengaben – sie verschwinden; Sprachengaben – sie hören auf; Erkenntnis – sie verschwindet. Denn Stückwerk ist unser Erkennen und Stückwerk unser Prophezeien. Wenn aber das Vollendete kommt, dann wird das Stückwerk abgetan. Als ich ein Kind war, redete ich wie ein Kind, dachte wie ein Kind, urteilte wie ein Kind. Seit ich jedoch ein Mann geworden bin, habe ich die kindische Art abgelegt. Wir sehen nämlich jetzt durch einen Spiegel rätselhaft, dann aber von Angesicht zu Angesicht. Jetzt ist mein Erkennen Stück-

I. Wort- und Sacherklärungen

werk, dann aber werde ich ganz erkennen, wie ich auch ganz erkannt worden bin.
Nun aber bleiben Glaube, Hoffnung, Liebe, diese drei; am größten jedoch unter ihnen ist die Liebe« (»Die Bibel. Die Heilige Schrift des Alten und Neuen Bundes«. Vollständige deutsche Ausgabe. Freiburg i. Br. ¹¹1965. S. 183).
Es ist bezeichnend, daß sich der Pfarrer für seine Predigt das Thema dieses Textes auswählt. Im gleichen Gottesdienst gelangt ja auch Bachs Matthäuspassion zur Aufführung, deren Thema die Leidensgeschichte Christi ist. Vor den Augen der »mondänen Welt« und der »Finanzwelt« erscheint zweierlei in gegenseitigen Bezug gestellt: die Thematik des unerbittlichen Gerichts, das sich über dem Haupt Ills zusammenzieht, und die Möglichkeit, daß es nicht unbedingt mit der Todesstrafe enden muß, denn die Liebe »trägt das Böse nicht nach«, sie »freut sich vielmehr mit an der Wahrheit«, zu deren Bekenntnis Ill sich durchgerungen hat. Der Text des Korintherbriefes spiegelt zugleich auch den Preis, den die Güllener für ihren Wohlstand haben zahlen müssen: Der Zugriff auf den eigenen Vorteil schließt die Liebe zum Schuldiggewordenen aus. Die Anspielungen sowohl auf die Matthäuspassion als auch auf den Korintherbrief sind Integrationspunkte der Thematik des Dramas, die über den engeren Kontext hinausweisen.

Matthäus-Passion: Vertonung der Leidensgeschichte Christi nach dem Evangelisten Matthäus von Johann Sebastian Bach (1685–1750).
mondäne: nach Art der großen Welt; von frz. le monde, ›die Welt‹.
Cadillacs: amerikanische Luxusautomobile.
Geiselgasteig: ausgedehntes Filmstudiogelände in einem Villenvorort im Süden Münchens.
abendländischen Prinzipien: Der Begriff umschreibt im allgemeinen die Prinzipien von Recht, Moral, Wissenschaft und Religion, wie sie sich im Verlauf einer auf antike Tradition und christliche Lehre gestützten Kulturentwicklung seit dem frühen Mittelalter herausgebildet haben. Sie werden hier satirisch als leere Phrase verwandt.
rachitischen: an der Englischen Krankheit leidenden; Merk-

male u. a.: Erweichung der Schädelknochen und Verkrümmungen des Knochenwuchses.
minim: veraltet für ›geringfügig, minimal‹.
Almosen: milde Gabe; verwandt mit griech. ἐλεημοσύνη, ›Barmherzigkeit‹.
Agenten: hier ›Bevollmächtigte, Vertreter‹; von lat. agere, ›handeln, etwas tun‹.
Medea: Geliebte des Jason, Zauberin in der griech. Mythologie. Als dieser sie verstieß, tötete sie ihre und Jasons Söhne. Vgl. Kap. VIII: Durzak.
pompöses: prunkvolles; von lat. pompa, ›Prunk‹.
arrivierter: vorwärtsgekommener, erfolgreicher.
Misère: frz., Elend; von lat. miser.
Platos: Plato (429–347 v. Chr.), griech. Philosoph, Schüler des Sokrates, wesentlicher Mitbegründer einer idealistischen Philosophie.
›*Life*‹: amerikanische Wochenzeitschrift mit politischem, wirtschaftlichem und gesellschaftlichem Inhalt sowie Bildreportagen. (Die Zeitschrift stellte Ende 1972 ihr Erscheinen ein.)
Erzhure: gesteigerter Ausdruck für käufliche Dirne; Erzabgeleitet von der griech. Vorsilbe ἀρχι, ›der Oberste‹.
Opel Olympia: deutsches Automodell zwischen 1947 und 1957; hier ein Zeichen für den wiedererwachenden Wohlstand in Güllen.
hysterisch: umschreibt eine krankhaft reizbare, launenhafte, egoistisch-übersteigerte Verhaltensweise (oft auf Frauen bezogen).
Persianer: kostbarer Mantel aus persischem Lammfell; hier als Zeichen der Wohlhabenheit, die sich die Güllener von der Zachanassian erkauft haben.
Mercedes 300: deutsches Luxusautomobil; ebenso wie Porsche, Opel Olympia, Buick, Messerschmitt und Volkswagen signalisiert diese Automarke den plötzlich gewandelten Lebensstandard der eben noch armen und heruntergekommenen Güllener, mit dem sich gleichzeitig ein Gesinnungswandel vollzieht, dem Ill dann letztlich zum Opfer fallen wird.
C'est terrible: frz., ›das ist schrecklich‹.
Buick: amerikanische Automarke.

I. Wort- und Sacherklärungen

Adalbert Stifter (1805–68): österr. Dichter, schrieb vor allem Romane und Novellen; hier Anspielung auf Stifters harmonische und innige Naturbeschreibungen, die auf dem ästhetischen Ideal der »Andacht zum Kleinen« beruhen.
So long, Daddy: engl., ›Auf Wiedersehen, Papi‹.
Opiumhöhlen: meist geheimer Treffpunkt Opium-(Rauschgift-)süchtiger.
Capri: Insel im Golf von Neapel.
Palazzos: ital., Palasts, schloßartigen Wohngebäudes.
Drapierungen: kunstvolle Anordnung von Stoffen und Gewändern; von lat. drappus, ›Tuch‹, und frz. draper, ›bekleiden‹.
Traktandum: hier das zur Erörterung bzw. Diskussion Anstehende; von lat. tractare, ›erörtern‹.
Altvordern: Vorfahren.
profanen: weltlichen (im Gegensatz zu kirchlichen); von lat. pro fano, das Gebiet vor dem Heiligtum.
Galerie: hier Empore in einem Zuschauerraum.
Prophet Amos: Amos zählt zu den sog. kleinen Propheten des Alten Testaments. Sein Buch beginnt mit der
1. Gerichtstheophanie (Wiederkunft Gottes als Weltenrichter):
»Jahwe wird brüllen vom Zion her / und donnern aus Jerusalem, / daß trauern die Auen der Hirten / und verdorret des Kamels Haupt« (Kap. 1, 2). Das Gericht ist nicht nur Strafe für menschliche Verfehlungen, sondern auch Darstellung der Macht Gottes gegenüber den Menschen. »Und an jenem Tage wird's geschehen, / – ist der Spruch des Herrn Jahwe – / da laß ich die Sonne untergehn am Mittag / und die Erde finster werden am hellen Tag. / Und ich verkehre eure Feste in Trauer / und alle eure Lieder in Klage« (Kap. 8, 9 f.).
2. Der Gott des Amos erscheint in der ganzen Unbegreiflichkeit des Weltenlaufes und der über die Menschen hereinbrechenden Katastrophen.
3. Der einzelne kann sich im Glauben an seine Gotterwähltheit nicht gesichert fühlen. Nicht er ergreift Jahwe, sondern dieser ihn. Gegenüber dem ursprünglichen Walten Gottes bleibt der Mensch passiv.

4. In der ihm rätselhaft erscheinenden Welt fordert Amos den Menschen auf, Gott als den Weltenmittelpunkt zu suchen:
»Suchet Jahwe und lebet, / [...] / Suchet das Gute und nicht das Böse, damit ihr lebet, / und daß Jahwe der Heerscharen mit euch sei, wie ihr sagt. / Hasset das Böse und liebet das Gute / und schaffet dem Recht eine Stätte im Tor. / Vielleicht ist gnädig Jahwe, der Gott der Heerscharen, dem Rest Josephs« (Kap. 5, 6 und 6, 14 f.).
Der Hinweis auf den Propheten Amos durch den Pfarrer an dieser Stelle weist über den engeren Rahmen des Kontextes hinaus und deutet auf die besondere Konfrontation von Mensch und Weltgeschehen, wie sie das ganze Drama thematisch durchzieht, hin. Er übersteigt in der Tragweite seiner Bedeutung auch das momentane Bewußtsein des Sprechers und wird zum Integrationspunkt der allgemeinen Thematik.

Stethoskop: medizinisches Abhörgerät für Herz und Atmungsorgane.

Check: amerikan., Geldanweisung.

Zwei Chöre bildend: Vgl. Kap. VII.

II. Daten zur Biographie und zum dramatischen Werk Dürrenmatts

1. Zur Biographie

Friedrich Dürrenmatt berichtet über seine Kindertage in Konolfingen:

»Ich wurde am 5. Januar 1921 in Konolfingen (Kanton Bern) geboren. Mein Vater war Pfarrer, mein Großvater väterlicherseits Politiker und Dichter im großen Dorfe Herzogenbuchsee. Er verfaßte für jede Nummer seiner Zeitung ein Titelgedicht. Für ein solches Gedicht durfte er zehn Tage Gefängnis verbringen. ›Zehn Tage für zehn Strophen, ich segne jeden Tag‹, dichtete er darauf. Diese Ehre ist mir bis jetzt nicht widerfahren. Vielleicht liegt es an mir, vielleicht ist die Zeit so auf den Hund gekommen, daß sie sich nicht einmal mehr beleidigt fühlt, wenn mit ihr aufs allerschärfste umgesprungen wird. Meine Mutter (der ich äußerlich gleiche) stammt aus einem schönen Dorfe nahe den Bergen. Ihr Vater war Gemeindepräsident und Patriarch. Das Dorf, in welchem ich geboren wurde und aufwuchs, ist nicht schön, ein Konglomerat von städtischen und dörflichen Gebäuden, doch die kleinen Dörfer, die es umgeben und die zur Gemeinde meines Vaters gehörten, waren echtes Emmental und wie von Jeremias Gotthelf beschworen (und so ist es noch heute). Es ist ein Land, in welchem die Milch die Hauptrolle spielt. Sie wird von den Bauern in großen Kesseln nach der Milchsiederei, einer großen Fabrik mitten im Dorfe, der Stalden AG., gebracht. In Konolfingen erlebte ich auch meine ersten künstlerischen Eindrücke. Meine Schwester und ich wurden vom Dorfmaler gemalt. Stundenlang malte und zeichnete ich von nun an im Atelier des Meisters. Die Motive Sintfluten und Schweizerschlachten. Ich war ein kriegerisches Kind. Oft rannte ich als Sechsjähriger im Garten herum, mit einer langen Bohnenstange bewaffnet, einen Pfannendeckel als Schild, um endlich meiner Mutter erschöpft zu melden, die Österreicher seien aus dem Garten gejagt. Wie sich meine kriegerischen Taten aufs

Papier verzogen und immer grausamere Schlachten die geduldige Fläche bedeckten, wandte sich meine Mutter verängstigt an den Kunstmaler Kuno Amiet, der die blutrünstigen Blätter schweigend betrachtete, um endlich kurz und bündig zu urteilen: Der wird Oberst. Der Meister hat sich in diesem Falle geirrt: Ich brachte es in der schweizerischen Armee nur zum Hilfsdienst-Soldaten und im Leben nur zum Schriftsteller. Die weiteren Wege und Irrwege, die mich dazu führten, will ich hier nicht beschreiben. Doch habe ich in meine heutige Tätigkeit aus der Welt meiner Kindheit Wichtiges herübergerettet: Nicht nur die ersten Eindrücke, nicht nur das Modell zu meiner heutigen Welt, auch die ›Methode‹ meiner Kunst selbst. Wie mir im Atelier des Dorfkünstlers die Malerei als ein Handwerk gegenübertrat, als ein Hantieren mit Pinsel, Kohle und Feder usw., so ist mir heute die Schriftstellerei ein Beschäftigen und Experimentieren mit verschiedenen Materien geworden. Ich schlage mich mit Theater, Rundfunk, Romanen und Fernsehen herum, und vom Großvater her weiß ich, daß Schreiben eine Form des Kämpfens sein kann.«

> (Dürrenmatt: Vom Anfang her. In: F. D., Theater-Schriften und Reden. Hrsg. von Elisabeth Brock-Sulzer. Zürich 1966. S. 28 f. © 1966 by Verlags AG »Die Arche«, Peter Schifferli, Zürich)

Bis 1935   verbringt Dürrenmatt seine Jugend in Konolfingen. Im gleichen Jahr wird sein Vater Seelsorger am Salemhospital in Bern, wohin die Familie nun übersiedelt.
1941   legt Dürrenmatt die Maturitätsprüfung in Bern ab.
1946–48   lebt Dürrenmatt in Basel.
1947   heiratet er die Schauspielerin Lotti Geissler.
1951–53   arbeitet Dürrenmatt als Theaterkritiker bei der Zeitung »Die Weltwoche« in Zürich.
Er verfaßt außerdem Sketches für die Kabaretts »Cornichon« und »Arche Noah« in Zürich und schreibt Kriminalromane.
Seit 1952 lebt er mit seiner Familie in Neuchâtel.
Seit 1953 arbeitet Friedrich Dürrenmatt als freier Schriftsteller.

2. Dürrenmatts dramatische Werke

1968/69 ist er dramaturgischer Berater und Mitarbeiter am Basler Theater unter dem Intendanten Werner Düggelin.
Seit 1969 ist er Mitherausgeber der Wochenzeitung »Zürcher Woche«, dem späteren »Sonntags-Journal«.
1970–72 wirkt er als dramaturgischer Berater am Zürcher Schauspielhaus und ist Mitglied des Verwaltungsrates unter dem Intendanten Harry Buckwitz. Er inszeniert in Zürich Ende 1970 Goethes »Urfaust« mit Rückgriffen auf das alte Volksbuch und eigenen Textabänderungen. Eine Berufung zum Nachfolger von Buckwitz lehnt Dürrenmatt im April 1972 ab und scheidet aus dem Verwaltungsrat der Zürcher Schauspiel AG. aus.
Seitdem arbeitet er als freier Regisseur an verschiedenen Bühnen bei der Inszenierung seiner Stücke mit, so im Herbst 1973 an der Mannheimer Bühne bei der Inszenierung von »Der Mitmacher«.

Für seine literarischen Arbeiten wurde Dürrenmatt verschiedentlich ausgezeichnet: Er erhielt u. a. 1959 den Preis der Kritiker von New York für das Stück »Der Besuch der alten Dame«; im gleichen Jahr wurde ihm der Schillerpreis der Stadt Mannheim zugesprochen; 1960 erhielt er den Großen Preis der Schweizerischen Schillerstiftung; 1970 wurde er mit dem Großen Literaturpreis des Kantons Bern ausgezeichnet und nahm in Philadelphia das Ehrendoktorat für Literatur der Temple-University entgegen.

2. Dürrenmatts dramatische Werke

»Komödie«: Mit diesem Titel vollendete Dürrenmatt 1943 ein Theaterstück, das jedoch nie veröffentlicht wurde. Eine Szene darin ist dem Andenken Franz Kafkas gewidmet.
»Es steht geschrieben. Ein Drama«: Uraufführung am 19. April 1947 im Schauspielhaus Zürich. Regie: Kurt Horwitz; Darsteller: Gustav Knuth (Johann Bockel-

son), Heinrich Gretler (Knipperdollinck), Erwin Kalser (Franz von Waldeck). Buchausgaben: Basel 1947 und in »Komödien II«.
»Der Blinde. Ein Drama«: Uraufführung am 10. Januar 1948 im Stadttheater zu Basel. Regie: Ernst Ginsberg; Darsteller: Maria Becker (Oktavia) und Kurt Horwitz (Negro da Ponte). Buchausgaben: Zürich 1960 und in »Komödien II«.
»Romulus der Große. Ungeschichtliche historische Komödie in vier Akten«: Uraufführung der ersten Fassung am 25. April 1949 im Stadttheater zu Basel. Regie: Ernst Ginsberg; Darsteller: Kurt Horwitz (Romulus). Buchausgaben: Drei weitere Fassungen des Stückes erschienen Zürich 1957, 1961 und 1964. Die vierte Fassung ist in den Band »Komödien I« aufgenommen.
»Der Turmbau zu Babel«: Dieses Theaterstück von 1948 hat der Autor vernichtet.
»Die Ehe des Herrn Mississippi. Eine Komödie in zwei Teilen«: Uraufführung der ersten Fassung am 26. März 1952 in den Münchner Kammerspielen. Regie: Hans Schweikart; Darsteller: Peter Lühr (Graf Bodo), Maria Niklisch (Anastasia), Friedrich Domin (Mississippi) und Wilfried Seyferth (Saint-Claude). Von dem Stück entstanden noch zwei weitere Fassungen, die beide den Untertitel »Eine Komödie« tragen. Die zweite Fassung wurde 1957 im Schauspielhaus Zürich uraufgeführt. Buchausgaben: 2. Fassung Zürich 1952; 3. Fassung in »Komödien I«. – Von dem Stück liegt außerdem ein Filmdrehbuch vor: »Die Ehe des Herrn Mississippi. Ein Drehbuch mit Szenenbildern« (Zürich 1961). An den Dreharbeiten unter dem Regisseur Kurt Hoffmann beteiligte sich Dürrenmatt persönlich. Der Drehbuchtext zeigt entscheidende Änderungen gegenüber der zweiten Theaterfassung.
»Ein Engel kommt nach Babylon. Eine Komödie in drei Akten«: Uraufführung der ersten Fassung am 22. Dezember 1953 in den Münchner Kammerspielen. Regie: Hans Schweikart; Darsteller: Erich Ponto (Akki) und Peter Lühr (Nebukadnezar). Die zweite Fassung des Stückes »Ein Engel kommt nach Babylon. Eine frag-

mentarische Komödie in drei Akten« wurde 1957 in Göttingen uraufgeführt. Buchausgaben: 1. Fassung Zürich 1954; 2. Fassung Zürich 1958 und in »Komödien I«.

»Der Besuch der alten Dame. Eine tragische Komödie in drei Akten«: Uraufführung am 29. Januar 1956 im Schauspielhaus Zürich. Regie: Oskar Wälterlin; Darsteller: Therese Giehse (Claire Zachanassian) und Gustav Knuth (Ill). Urheberrechtliche Abänderungen des Textes erfolgten bei den Aufführungen in New York (1958), Basel (1959, mit Dürrenmatt als Regisseur) und Mailand (1960). Buchausgaben: Zürich 1956 und in »Komödien I«. – Der Regisseur Bernhard Wicki verfilmte den Stoff (1964) mit Ingrid Bergman und Anthony Quinn in den Hauptrollen. Dieser Film »The Visit« endet entgegen der dramatischen Vorlage glücklich und wird der eigentlichen Problematik Dürrenmatts nicht gerecht. – Gottfried von Einem vertonte den Stoff als Oper: »Der Besuch der alten Dame«. Uraufführung am 23. Mai 1971 in der Wiener Staatsoper. Dirigent: Horst Stein; Darsteller: Christa Ludwig (Claire Zachanassian) und Eberhard Wächter (Ill). Dürrenmatt änderte für die Oper den Schluß des Textes ab: Dieser endet nun mit der Übergabe des Schecks der Zachanassian an den Bürgermeister von Güllen. Die versammelten Bürger, eben noch die Mörder von Alfred Ill, brechen in einen Freudentanz aus. In der neuen Regieanweisung heißt es: »Stille. Alle starren auf den Bürgermeister. Der Bürgermeister beginnt plötzlich, wie aus einer diebischen Freude heraus, zu tanzen. Der Mördertanz wird immer stampfender und übermütiger. Von hinten kommen die Frauen jubelnd herbeigestürzt.«

»Frank der Fünfte. Oper einer Privatbank« (Musik von Paul Burkhard): Uraufführung der ersten Fassung am 19. März 1959 im Schauspielhaus Zürich. Regie: Oskar Wälterlin; Darsteller: Therese Giehse (Ottilie), Kurt Horwitz (Bankdirektor), Ernst Schröder (Prokurist), Maria Becker (Frieda Fürst). Titel der zweiten Fassung: »Frank der Fünfte. Eine Komödie« (Mit Musik von Paul Burkhard). Diese Neufassung wurde in Bochum 1964 geprobt; nach Dürrenmatts Aussagen wurde eine Aufführung durch den Intendanten jedoch verhindert. Buchausgaben: 1. Fassung Zürich 1960; Bochumer Fassung in »Komödien II«.

»Die Physiker. Eine Komödie in zwei Akten«: Uraufführung am 21. Februar 1962 im Schauspielhaus Zürich. Regie: Kurt Horwitz; Darsteller: Therese Giehse (Mathilde von Zahnd), Hans Christian Blech (Möbius), Theo Lingen (Einstein), Gustav Knuth (Newton) und Hanne Hiob (Schwester Monika). Buchausgaben: Zürich 1962 und in »Komödien II«.

»Herkules und der Stall des Augias. Eine Komödie«: Uraufführung am 20. März 1963 im Schauspielhaus Zürich. Regie: Leonard Steckel; Darsteller: Gustav Knuth (Herkules) und Ernst Schröder (Augias). Von dem Stück existiert eine Skizze »Ur-Herkules« (1953), eine Fabel, die auch in dem Hörspiel »Herkules und der Stall des Augias« (1954) nachwirkt. Buchausgaben: Zürich 1963 und in »Komödien II«.

»Der Meteor. Eine Komödie in zwei Akten«: Uraufführung am 20. Januar 1966 im Schauspielhaus Zürich. Regie: Leopold Lindtberg; Darsteller: Leonard Steckel (Schwitter). Von dem Stück entstand 1968 eine Fernsehfassung. Buchausgaben: Zürich 1966 und in »Komödien III«.

»Die Wiedertäufer. Eine Komödie in zwei Teilen«: Uraufführung am 16. März 1967 im Schauspielhaus Zürich. Das Stück ist eine Überarbeitung von »Es steht geschrieben«. Regie: Werner Düggelin; Darsteller: Ernst Schröder (Bockelsohn), Gustav Knuth (Knipperdollinck), Matthias Wiemann (Bischof). Buchausgaben: Zürich 1967 und in »Komödien III«.

»König Johann. Nach Shakespeare«: Uraufführung am 18. September 1968 im Stadttheater zu Basel. Regie: Werner Düggelin; Darsteller: Horst Christian Beckmann (Johann Plantagenet), Lucia Carstens (Eleonore), Helga Schoon (Isabelle), Monika Koch (Blanka), Katharina Tüschen (Konstanze), Steffen Knütter (Arthur). Buchausgaben: Zürich 1968 und in »Komödien III«.

»Play Strindberg. Totentanz nach August Strindberg«: Uraufführung am 8. Februar 1969 im kleinen Komödienhaus der Basler Theater. Regie: Friedrich Dürrenmatt und Erich Hollinger; Darsteller: Regine Lutz (Alice), Horst Christian Beckmann (Edgar) und Klaus Horing (Kurt). Buchausgaben: Zürich 1969 und in »Komödien III«.

»Porträt eines Planeten«: Uraufführung am 11. November 1970 im Kleinen Haus des Schauspielhauses zu Düsseldorf. Regie: Erwin Axer; Darsteller: Wolfgang Arps (Adam), Karl-Heinz Martell (Kain), Wolfgang Reinbacher (Abel), Edgar Walther (Henoch), Renate Becker (Eva), Eva Böttcher (Ada), Christiane Hammacher (Zilla), Marianne Hoika (Naema). Für die Aufführung in Zürich unter der Regie Dürrenmatts erhielt das Stück eine neue Fassung. Buchausgabe: Zürich 1971.

»Titus Andronicus. Eine Komödie nach Shakespeare«: Uraufführung am 12. Dezember 1970 im Schauspielhaus zu Düsseldorf. Regie: Karl Heinz Stroux; Darsteller: Waldemar Schütz (Saturnius), Frank Robert Schneider (Bassianus), Renate Liebenow (Tamora), Wolfgang Haubner (Alarich). Buchausgaben: Zürich 1970 und in »Komödien III«.

»Der Mitmacher«: Uraufführung am 8. März 1973 im Schauspielhaus Zürich. Regie: Andrzej Wajda (der sich von der Inszenierung allerdings distanzierte, weil Dürrenmatt in sie eingriff); Darsteller: Peter Arens (Doc), Kurt Beck (Boß), Andrea Jonason (Ann), Willy Birgel (Cop). Buchausgabe: Zürich 1975.

III. Dürrenmatt zur Entstehung seiner Theaterstücke

»Die Welt wird ein ungeheurer technischer Raum werden oder untergehen. Alles Kollektive wird wachsen, aber seine geistige Bedeutung einschrumpfen. Die Chance liegt allein noch beim einzelnen. Der einzelne hat die Welt zu bestehen. Von ihm aus ist alles wieder zu gewinnen. Nur von ihm, das ist seine grausame Einschränkung. Der Schriftsteller gebe es auf, die Welt retten zu wollen. Er wage es wieder, die Welt zu formen, aus ihrer Bildlosigkeit ein Bild zu machen.

Wie aber formt der Schriftsteller die Welt, wie gibt er ihr ein Gesicht? Indem er entschieden etwas anderes betreibt als eine Philosophie, die vielleicht nicht mehr möglich ist. Indem er entschieden den Tiefsinn fahren läßt, indem er die Welt als Materie verwendet. Sie ist der Steinbruch, aus dem der Schriftsteller die Blöcke zu seinem Gebäude schneiden soll. Was der Schriftsteller treibt, ist nicht ein Abbilden der Welt, sondern ein Neuschöpfen, ein Aufstellen von Eigenwelten, die dadurch, daß die Materialien zu ihrem Bau in der Gegenwart liegen, ein Bild der Welt geben. Was ist nun eine Eigenwelt? Das extremste Beispiel: Gullivers Reisen. Alles in diesem ist erfunden, es ist gleichsam eine Welt neuer Dimensionen erstellt worden. Doch durch die innere, immanente Logik wird alles wieder zu einem Bilde unserer Welt. Eine logische Eigenwelt kann gar nicht aus unserer Welt fallen. Das ist ein Geheimnis: die Übereinstimmung der Kunst mit der Welt. Wir haben allein am Stoffe zu arbeiten. Das genügt. Stimmt der Stoff, wird auch das Werk stimmen. Hat dies der Schriftsteller begriffen, wird er sich auch vom Privaten abwenden, die Möglichkeit einer neuen Objektivität, einer neuen Klassik, wenn Sie wollen, eine Überwindung der Romantik wird sich ihm auftun.

Der Schriftsteller hat ein Arbeiter zu werden. Er hat sich die Stoffe nicht durch eine Dramaturgie zu verbauen, sondern jeden Stoff durch die dem Stoffe gemäße Dramaturgie zu ermöglichen. Es gibt in der deutschen Sprache die zwei

III. Dürrenmatt zur Entstehung seiner Theaterstücke

Ausdrücke ›sich ein Bild machen‹ und ›im Bilde sein‹. Wir sind nie ›im Bilde‹ über diese Welt, wenn wir uns über sie kein Bild machen. Dieses Machen ist ein schöpferischer Akt. Er kann auf zwei Arten verwirklicht werden: durch Nachdenken, dann werden wir notgedrungen den Weg der Wissenschaft gehen müssen, oder durch Neuschöpfen, das Sehen der Welt durch die Einbildungskraft. Den Sinn dieser beiden Haltungen, oder besser – dieser beiden Tätigkeiten, stelle ich dahin. Im Denken manifestiert sich die Kausalität hinter allen Dingen, im Sehen die Freiheit hinter allen Dingen. In der Wissenschaft zeigt sich die Einheit, in der Kunst die Mannigfaltigkeit des Rätsels, das wir Welt nennen. Sehen und Denken erscheinen heute auf eine eigenartige Weise getrennt. Eine Überwindung dieses Konflikts liegt darin, daß man ihn aushält. Nur durch Aushalten wird er überwunden. Kunst, Schriftstellerei ist, wie alles andere auch, ein Bewähren. Haben wir das begriffen, ahnen wir auch den Sinn.«

(Dürrenmatt: Vom Sinn der Dichtung in unserer Zeit. In: F. D., Theater-Schriften und Reden. Hrsg. von Elisabeth Brock-Sulzer. Zürich 1966. S. 63 f. © 1966 by Verlags AG »Die Arche«, Peter Schifferli, Zürich)

»1
Ich gehe nicht von einer These, sondern von einer Geschichte aus.
2
Geht man von einer Geschichte aus, muß sie zu Ende gedacht werden.
3
Eine Geschichte ist dann zu Ende gedacht, wenn sie ihre schlimmst-mögliche Wendung genommen hat.
4
Die schlimmst-mögliche Wendung ist nicht voraussehbar. Sie tritt durch Zufall ein.
5
Die Kunst des Dramatikers besteht darin, in einer Handlung den Zufall möglichst wirksam einzusetzen.
6
Träger einer dramatischen Handlung sind Menschen.

7
Der Zufall in einer dramatischen Handlung besteht darin, wann und wo wer zufällig wem begegnet.
8
Je planmäßiger die Menschen vorgehen, desto wirksamer vermag sie der Zufall zu treffen.
9
Planmäßig vorgehende Menschen wollen ein bestimmtes Ziel erreichen. Der Zufall trifft sie dann am schlimmsten, wenn sie durch ihn das Gegenteil ihres Ziels erreichen: das, was sie befürchteten, was sie zu vermeiden suchten (z. B. Ödipus).
10
Eine solche Geschichte ist zwar grotesk, aber nicht absurd (sinnwidrig).
11
Sie ist paradox.
12
Ebensowenig wie die Logiker können die Dramatiker das Paradoxe vermeiden.
[...]
18
Jeder Versuch eines einzelnen, für sich zu lösen, was alle angeht, muß scheitern.
19
Im Paradoxen erscheint die Wirklichkeit.
20
Wer dem Paradoxen gegenübersteht, setzt sich der Wirklichkeit aus.
21
Die Dramatik kann den Zuschauer überlisten, sich der Wirklichkeit auszusetzen, aber nicht zwingen, ihr standzuhalten oder sie gar zu bewältigen.«

> (Dürrenmatt: 21 Punkte zu den Physikern. In: F. D., Theater-Schriften und Reden. Hrsg. von Elisabeth Brock-Sulzer. Zürich 1966. S. 193 f.
> © 1966 by Verlags AG »Die Arche«, Peter Schifferli, Zürich)

»Dürrenmatt: [...] An der Physik interessiert mich weniger, was sie aussagt, das Resultat, als die Art, wie sie die Natur befragt. Für den philosophischen Aspekt des Pro-

III. Dürrenmatt zur Entstehung seiner Theaterstücke

blems scheint mir daher die Fragestellung Kants interessanter als die Antworten Hegels. Aber dieses naturwissenschaftlich-philosophische Denken und seine Erkenntnisse bilden nur den Untergrund für das ›dramatische Denken‹, das ich betreibe, es spielt nur mit, es ist nicht ›das Spiel‹. Ich brauche es, wie ich als Dramatiker die Welt als solche gebrauche, und das tut ja der Dramatiker, wenn er ›denkt‹. Wenn die Mathematiker und Physiker die Natur befragen, so tun sie es immer nur auf einem Teilgebiet. Sie stellen dazu heute immer öfter Arbeitshypothesen auf, die sie experimentell bejahen oder verneinen lassen.

Auch ›die Natur‹, die auf dem Theater zur Anschauung gebracht werden will, die menschliche Natur, die von den Menschen gemachte Natur, ihre Beziehungen, ist ›total‹ wie die Natur der Physiker und der Mathematiker. Die heutige Welt ist ein ungeheures Monstrum geworden. Die heutige Welt ist fragwürdig geworden, weil sie frag-würdig geworden ist.

Es ist auf dem Theater unmöglich, höchstens ein Kunstkniff der Kunst, diese Totalität so zu vereinfachen, daß nur der einsame Mensch übrigbleibt. Das führt notwendig zu Absurditäten, da das Problem der Menschheit wie des Menschen nicht seine Einsamkeit, sondern gerade die Beziehungen zu den anderen sind. Und das spezielle Problem ist wiederum nicht, daß es diese Beziehungen gibt, sondern wie und warum sie in wechselnder Form existieren. Die ›abstrakte‹ Dramatik verflüchtet nicht das Problem, sondern flüchtet sich vor ihm.

Die Veranschaulichung auf der Bühne aber macht es nötig, aus der Totalität auszuwählen. Ich schaffe mir, ähnlich wie der Physiker, Modelle von möglichen menschlichen Beziehungen. So wie der Physiker zur Veranschaulichung dessen, was Licht ist, nämlich einmal Korpuskel, einmal Welle, verschiedene Formen verwenden muß, so benötige ich verschiedene Modelle auf der Bühne. Diese Modelle sind gleichzeitig auch meine ›Hypothesen‹, meine Methode, im wissenschaftlichen Zeitalter, das Brecht immer erwähnt hat, bestimmte Phänomene der ›menschlichen Natur‹ zu veranschaulichen. Sie dienen außerdem zur Selbstverständigung. Man schafft

sich eine Welt auf der Bühne, um unbedingter denken zu können.
P a n o r a m a : Wovon gehen Sie bei der Schaffung eines solchen Modells aus? Ist Ihre ›Hypothese‹ ›ideell‹ bestimmt?
D ü r r e n m a t t : Ein Theaterstück zu schreiben ist nicht das gleiche wie ein logisches Problem entwickeln. Ich bin nicht von einem Problem fasziniert, sondern von einer dramatischen Konstellation. Für einen Dramatiker ist der Konflikt Vater–Sohn etwas ganz anderes als für einen Psychologen. Der Dramatiker braucht ein Gefälle, einen Gegensatz, eine Möglichkeit, aus einem Konflikt ein Spiel zu entwickeln. Ich stehe dramaturgisch vor dem Problem, daß ich unabhängig davon, was ich weltanschaulich denke, einen Konflikt ›an sich‹ brauche. Davon habe ich auszugehen, von der Möglichkeit zum Spiel, von der Theater-Möglichkeit. Der Dramatiker ist nicht der Typ des ›Täters‹, sondern des ›Spielers‹. Wenn einer die Tat will, greift er nicht zum Drama. Auch der ethische Wille löst das Drama nicht aus, sondern einzig der Wille zum Spiel. Der Dramatiker macht einen spielerischen Gebrauch von der Welt und versucht sie im Spiel zu objektivieren. Wenn man von einer Absicht ausgeht, unterdrückt man viele Möglichkeiten. Wenn man ein vorgesetztes Ziel hat, übersieht man andere, zu denen man gelangen kann. Die Aussage ist das Resultat, nicht das Ziel. Sophokles hat seine ›Antigone‹ nicht wegen des Satzes ›Nicht mitzuhassen, mitzulieben bin ich da‹ geschrieben. Der Dramatiker ist bewegt von dramatischen Konstellationen, die er sich schafft. So wie der Physiker mit der Natur Physik treibt, treibt der Dramatiker mit der ›Natur des Menschen‹ Dramatik. Wenn ein Spiel ausgespielt ist, dann ist auch die größte Aussagemöglichkeit erreicht. Im Grunde kann eine Aussage nur erreicht werden, wenn man nicht an sie denkt. Die Aussage zu bestimmen, ist das Vorrecht des Kritikers. Die Kritik hat festzustellen, ob und welche Aussage ein Stück hat, wobei sie gut tut, zwischen einer direkten, en passant vorgebrachten und einer tieferen zu unterscheiden, die nicht in einem Satz liegt. Die Schwäche der Kritik liegt heute meistens darin, daß sie nicht nach den objektiven Spannungen fragt, die in dem Stück

III. Dürrenmatt zur Entstehung seiner Theaterstücke

ausgedrückt werden, sondern nur geschmäcklerische Impressionen gibt.

P a n o r a m a : Sie weigern sich, das ›Ei der Erklärung‹ zu legen, aber jedes Ihrer Stücke ist ein solches ›Ei‹, indem es über das bloße Spiel hinaus einen Sinn hat und eine weltanschaulich-gesellschaftliche Tendenz aufweist. Nicht ›es‹ denkt, sondern Sie denken, nicht ›es‹ will, sondern Sie wollen. Wenn Sie ›spielen‹, tun Sie es ›mit Absicht‹.

D ü r r e n m a t t : Es ist richtig, man kann in der heutigen Welt auch in bewußter Form nicht mehr naiv sein. Die reine Welt des harmlos Komödiantischen ist vorbei. Die zwei Ebenen des Existentiellen und des Spielerischen stimmen nicht mehr überein. Das Drama ist heute kein stilistisches Problem, da sich in der heutigen Gesellschaft das, was den Sinn des Dramas ausmacht, und der geht über das Theatralische hinaus, nicht mehr von selber versteht. Die Aufnahme ist heute gestört. Es wird zwar aufgenommen, aber nicht mehr verdaut. Der Dramatiker muß ›gehalten sein‹. Aber das tut heute nur ein kleiner Kreis. Die Gesellschaft ist nicht da, und da nicht das Theater die Gesellschaft, sondern die Gesellschaft das Theater macht, ist eine ungeheuer schwierige Theatersituation entstanden. Wir leben in einer Gefahrenzone, wo Überlegungen angestellt werden müssen, die früher nicht nötig waren. Vor mir steht das Problem, daß ich auf die Länge nicht so ›Dramatik treiben‹ kann, als lebte ich in einer idealen Gesellschaft. Man muß beginnen, auf eine Art deutlich zu werden, die, so glaubte ich zuerst, gar nicht nötig sei. Sie haben auf ganz diabolische Weise recht: ich kann mir weniger denn je leisten, ›reines Theater‹ zu schreiben, weil wir gar nicht den gesellschaftlichen Boden dazu haben. Ich bin gezwungen, zu meinen Stücken Vorworte, Nachworte, Kommentare zu schreiben.

Ich stehe vor neuen Arbeitsproblemen. Die Naivität, daß sich aus jedem guten Einfall ein gutes Stück machen läßt, ist dahin. Ich muß sichten. Ich muß prüfen, ob die Fabel für heute geeignet und in ihrer ganzen Art eine unbedingte Sache ist. Ich muß mich fragen, ob ein Sinn in der Fabel selbst liegt und nicht aufgepflanzt werden muß. Dieser Sinn aber geht über das Theater hinaus, er betrifft die Beziehungen der Menschen, also auch meine eigenen, mich selber. Das Drama wird zur Selbstklärung und zur Klärung für die anderen. Ja, man muß die Fabeln so wählen, daß sie etwas aussagen. Man kann völlig ungefährliche Fabeln en masse finden, die ganz einfach nur schön sind. Aber man muß Fabeln finden, die unangenehm sind. Sie müssen stören. Das ist eine Art Menschenpflicht geworden. Die Fabeln müssen auf ihre Störmöglichkeit in umfassendem Sinn geprüft werden. Probleme, die nur im Privaten liegen, sagen nichts aus.

Panorama: Wen müssen Sie stören, was müssen Sie aufstören?

Dürrenmatt: Möglichst alle. Und was bedeutet Stören? Die schärfste dem Theater gemäße Form ausfindig zu machen, Gewissen herzustellen. Die Kunst, vor allem die dramatische, muß auf Konstellationen ausgehen, in der der Mensch vor Gewissensfragen gestellt wird. Der kategorische Imperativ Kants ist zu einer gesellschaftlichen, einer allgemeinen Aufgabe geworden. Was entwickelt werden muß, ist ein gesellschaftliches Gewissen. Das heutige Gewissen ist pervertiert. Es lautet nicht: Ich bin gut. Es lautet: Die anderen sind ja auch schlecht. Meine Kategorie Gewissen ist aus dem Denken abgeleitet. Das Gewissen ist ein Denkprozeß schärfster Art. Er erfolgt, wenn die Standpunkte des Problems rein entwickelt werden. Aus der Darstellung der Gegensätze geht die Erkenntnis hervor, die zum Gewissen führt. Aus einem Spielbetrieb wird so etwas Objektives gesellschaftlicher Art, eben das gesellschaftliche Gewissen. Das läßt sich durch die Darstellung des Inwendigen, des Inneren, des ›Gemütes‹, der ›Herzlichkeit‹ nicht erreichen. Eine der größten Schwindeleien ist die Behauptung, daß es nur auf ›das Herz‹ ankomme. Eine Dramatik, die es darauf anlegt, ist ebenso verlogen wie schädlich. Geschaffen werden muß, wenn er nicht vorhanden, der denkende Zuschauer. Da man dem Publikum nicht vorschreiben kann, wie es denkt und fühlt, muß man Konstellationen schaffen, die eine Herausforderung darstellen. Ottilie in ›Frank V.‹ muß den Zuschauer zu der Überlegung anregen: haben wir eigentlich ein Recht, für unsere Kinder etwas Besseres zu erhoffen, wenn wir selber uns wie Ottilie und ihr Mann

III. Dürrenmatt zur Entstehung seiner Theaterstücke

verhalten? Ich kann den Zuschauer nie von der Verpflichtung entbinden, nachdenken zu müssen.
Panorama: Und Sie glauben, daß dieses Stören und Aufstören des Gewissens heute am besten durch die Parabel erzielt werden kann, nicht etwa dadurch, daß dem Zuschauer auf die konventionelle Manier der berühmte Spiegel vorgehalten wird? Sie sehen auch keine Möglichkeit mehr für das historische Drama?
Dürrenmatt: Jede Zeit hat ihr eigenes Drama. Kultisches Theater ist heute einfach unmöglich. Unmöglich ist aber auch etwa das Drama im Stile von Wilde. Das war ein Drama des Hochkapitalismus, an den heute kein Mensch mehr glaubt.
Menschen auf die Bühne bringen zu wollen, wie sie sind, ist heute unmöglicher denn je. Gerade der Versuch, auf eine naturalistische Manier im konventionellen Sinn bestimmte Menschen auf die Bühne zu bringen, würde diesen Menschen ermöglichen, sich der Verpflichtung zum Denken zu entziehen. Es braucht nur ein Detail nicht zu stimmen und schon ist die Entschuldigung moralischer Art gegeben. Nein, die Bühne ist ohne List nicht denkbar. Die Komödie muß die Mausefalle sein, in die man das Publikum lockt, habe ich früher gesagt. Das historische Drama ist nur in einer naiven Zeit möglich gewesen. Die erdichtete Welt, das ›Modell‹ in Parabelform, hat heute viel größere Möglichkeiten, ›verpflichtend‹ zu sein, zu stören, ja nur sie kann als Umänderung der Wirklichkeit die Veränderungen der Wirklichkeit deutlich machen. Die Menschen werden durch die parabolische Form überlistet – soweit dies möglich ist – sich mit sich selber auseinanderzusetzen.«

(Panorama 5 [1961] Nr. 1)

»Bienek: Ihr Stück ›Der Besuch der alten Dame‹ ist Ihr bestes, Ihr erfolgreichstes, ja das erfolgreichste Stück eines deutschschreibenden Autors nach dem Krieg überhaupt. Sie haben sich da eine ganz handfeste Fabel ausgedacht. Finden Sie nach wie vor, daß der Erfolg, sagen wir, die Wirksamkeit eines Stückes zum großen Teil von der Fabel abhängt?
Dürrenmatt: Ich bin überzeugt.
Bienek: Und glauben Sie, daß die Misere gerade der

deutschen Dramatik darauf zurückzuführen ist, daß die jungen Autoren, beherrscht von der Sucht nach origineller Form, das Thema immer mehr mißachten?
Dürrenmatt: Das ist möglicherweise ein wenig meine Überzeugung.
Bienek: Herr Dürrenmatt, ich möchte gern wissen, wie ist Ihnen zum Beispiel der Einfall zur ›Alten Dame‹ gekommen?
Dürrenmatt: Zuerst hatte ich den Grundeinfall zur Story, zur Geschichte. Ich versuchte, eine Novelle zu schreiben. Titel: Mondfinsternis. Die Geschichte spielte sich in einem Bergdorfe ab, aus Amerika kehrte ein Auswanderer heim und nahm Rache an seinem alten Rivalen. Das war die erste Phase. Dann die zweite: aus dem Auswanderer wurde eine Frau: die Multimilliardärin Claire Zachanassian. Aus dem Bergdorf: Güllen. Hier kann ich nun den Werdegang des Stückes genauer angeben. Dramaturgisch stellte sich fürs erste das Problem: wie bringe ich eine Kleinstadt auf die Bühne? Ich fuhr damals öfters von Neuenburg, wo ich wohne, nach Bern. Der Schnellzug hält jedesmal ein- oder zweimal bei kleinen Bahnhöfchen. Neben diesen Bahnhöfchen, diesen Bahnhofsgebäuden, ist eine kleine Bedürfnisanstalt. Es ist also ein sehr typisches Bild für kleine Bahnhöfe, dies läßt sich schon als Bild für die Bühne sehr gut verwenden. Nun ist ja der Bahnhof der Ort, den man zuerst sieht, wenn man in eine Stadt geht, dort muß man ankommen. Der Zuschauer kommt mit dem Bahnhof gleichsam in Güllen an. Dann war als dramaturgisches Problem zu lösen: wie stelle ich nun die Armut dar. Allein zum Beispiel, indem ich die Menschen zerlumpt herumlaufen lasse, das genügt ja nicht, der ganze Ort muß verarmt sein. Und so kam ich auf die Idee, daß ich die Schnellzüge eben dort nicht mehr habe anhalten lassen, einmal hielten sie an, nun nicht mehr. Der Ort ist also gesunken. Weiter stellt sich nun die Frage: wie kommt dann eine Milliardärin an? Kommt sie nun mit einem Bummelzug? Ich hätte sie selbstverständlich in einem Extrazug ankommen lassen, aber es ist natürlich viel eleganter, wenn sie die Notbremse zieht. Milliardärinnen können sich das ja leisten. Doch nun, wenn ich schon eine Milliardärin mit dem Zug ankommen lasse:

III. Dürrenmatt zur Entstehung seiner Theaterstücke

warum eigentlich mit dem Zug? Warum ist sie nicht mit dem Auto gekommen? Und hier, aus dieser Zwangslage, weil ich ja den Bahnhof unbedingt haben wollte als Theatermilieu, kam ich auf die Idee, die Milliardärin kommt mit dem Zug an, weil sie einmal einen Autounfall gehabt hat und nun eine Beinprothese besitzt und nicht mehr autofahren kann. So entstehen, wie Sie aus diesen Beispielen sehen können, aus Theaternotwendigkeiten, aus realen Notwendigkeiten der Bühne, Elemente des Spiels, die nur scheinbar bloße Einfälle sind.

B i e n e k : Der Einfall ist also noch gar nicht theatralisch, sondern erst in dem Moment, wo Sie ihn in die Bühnenwelt versetzen, bekommt er zwangsläufig dramatische Maßstäbe...

D ü r r e n m a t t : — und greift dann eben auch in das Stück ein, verändert das Stück, verändert Personen, stellt neue Personen auf.

B i e n e k : Das ist aber dann wohl die typische Haltung des Dramatikers. Einem Romancier würden sicher andere, mehr epische Formen aufkommen, einfallen.

D ü r r e n m a t t : Das ist möglich, ja.

B i e n e k : Wie lange schreiben Sie denn eigentlich an einem Stück?

D ü r r e n m a t t : Im großen ganzen etwa ein Jahr.

B i e n e k : Und wann können Sie am besten schreiben, morgens oder nachts?

D ü r r e n m a t t : Meistens schreibe ich von 10 bis 12 Uhr morgens und von 2 bis 5 Uhr nachmittags so etwa, in einem Büro, in einem freundlichen.

B i e n e k : Das ist eine Einteilung wie Bürostunden, oder wie bei einem Handwerker.

D ü r r e n m a t t : Ich glaube, daß ich ein Arbeiter, ein Handwerker bin. Schreiben ist für mich nicht so sehr eine Sache der Stimmung. Ich muß zum Arbeiten zuhause sein. Ich kann eigentlich nur in meiner Schreibstube arbeiten.

B i e n e k : Wie fühlen Sie sich so als Schriftsteller?

D ü r r e n m a t t : Ich habe mich daran gewöhnt.

B i e n e k : Und wären Sie nicht lieber Maler geworden? Das hatten Sie ursprünglich doch einmal vor.

D ü r r e n m a t t : Ich kann es mir nicht leisten. Ich fasse

Schriftstellerei streng als einen Beruf auf, als meinen Beruf. Ich mußte sehr vieles schreiben, weil ich Geld verdienen mußte, um mich und meine Familie durchzubringen: Kriminalromane, Hörspiele. Ich habe es nie bereut, und ich habe auch nie abgeleugnet, daß ich diese Dinge geschrieben habe, um Geld zu verdienen.

B i e n e k : Hätten Sie nicht Lust, einmal eine richtige Tragödie zu schreiben?

D ü r r e n m a t t : Ich glaube, daß ich für die Tragödie nicht recht geeignet bin.«

(Horst Bienek: Werkstattgespräche mit Schriftstellern. München: Hanser 1962. S. 107–109)

IV. Das Echo der Uraufführung

Elisabeth Brock-Sulzer:

»Das Städtchen Güllen ist so verarmt, und das mitten in sonstiger Hochkonjunktur, daß selbst der Betreibungsbeamte nichts mehr zu pfänden vorfindet. Da kommt eine im Ausland zur Milliardärin gewordene Mitbürgerin auf Besuch, von der mit Fug Hilfe in der Not zu erwarten ist. Besondere Hoffnung setzen die Güllener bei diesem Anlaß auf den ehemaligen Jugendfreund der supponierten Wohltäterin, den Krämer Ill. Das scheint sich auch als berechtigt zu erweisen, da die steinreiche Claire Zachanassian sich gleich nach ihrer Ankunft aufmacht, die Orte wiederzusehen, wo sie und Ill sich geliebt haben. Anläßlich des von der Stadt offerierten Festessens offeriert die alte Dame ihrerseits der Stadt eine Milliarde – zur Hälfte für die Stadt, zur Hälfte aufzuteilen unter die Einwohner. Sie knüpft an diese Gabe nur die eine Bedingung, daß ihr Gerechtigkeit werde. Von diesem selben Ill sei sie seinerzeit in einem Vaterschaftsprozeß mit bestochenen Zeugen ins Unrecht gesetzt worden, das Kind sei ihr weggenommen worden, sie auf Abwege geraten und der reiche Ölmagnat Zachanassian habe sie aus dem Bordell geholt. Alles könne man kaufen, also auch die Gerechtigkeit. Die Güllener sollten Ill töten, dann bekämen sie ihre Milliarde bar ausbezahlt. Die Güllener lehnen feierlich entrüstet ab, Frau Zachanassian antwortet: ›Ich kann warten‹ und mietet sich mit Gefolge und den mit unvorstellbarer Geschwindigkeit wechselnden Ehegatten im Gasthof zum ›Goldenen Apostel‹ ein. Sitzt auf ihrem Balkon, erledigt ihre Börsengeschäfte, eine gefährliche Spinne im Netz. Die Güllener aber haben Ehre im Leib, sie versichern Ill immer wieder ihrer Zuverlässigkeit – und kaufen unterdessen all das auf Pump, was sie lange entbehrt haben. An den neuen Schuhen, in denen sie einhergehen, liest Ill sein Schicksal ab. Der Pfarrer rät ihm endlich, wegzugehen, denn sie alle seien auch nur Menschen. Aber wie Ill zur Bahn geht, kommt eine große Schar seiner angeblichen Freunde, ihm das Geleit zu geben. Sie

muntern ihn auf, den Zug zu besteigen, und rücken ihm immer näher auf den Leib. ›Einer von euch wird mich töten‹, erkennt Ill in wahrer Todesnot – und steigt nicht ein. Die Schulden im Städtchen wachsen bedrohlich, man macht der alten Dame das Angebot, sie möge alle – still liegenden – Fabrikbetriebe übernehmen, das sei ein schöner Preis anstatt des kleinen Gauners Ill; sie lehnt ab, da sie diese Betriebe längst aufgekauft und selber still gelegt habe, um Güllen in die Hand zu bekommen. Immerhin versichert sie auf Anfrage, daß die Milliarde auch ausbezahlt werde, wenn Ill *Selbstmord* begehe. Man legt es Ill nahe, er weigert sich ruhig; zu sehr haben ihn die Güllener erniedrigt, als sie ihn zu tierischer Angst getrieben haben; er wird sich dem Urteilsspruch unterwerfen, nicht aber den eigenen Henker spielen. Er fährt mit seiner Familie zum ersten- und letztenmal Auto, und genießt es, zu fühlen, wie es ist, Geld zu haben: sein Sohn hat sich ein Auto gekauft, die Frau einen Pelzmantel, die Tochter nimmt Sprach-, Literatur- und Tennisstunden. Ill trägt es mit Fassung. Zuletzt trifft er gar die einstige Geliebte in dem Wald, wo sie sich früher geliebt haben: er fragt nach dem Kind, er dankt ihr gar für die Grabkränze, die sie all die Tage auf den für ihn bestimmten Sarg hat legen lassen, er nimmt Abschied, sehr einfach, anständig männlich. Sie verspricht dem, den sie immer noch ihren schwarzen Panther nennt, sein prunkvolles Grab in ihrem Palazzo in Capri. Und dann kommt die Gemeindeversammlung, wo über die Milliarde verhandelt werden soll. Radio, Fernsehen, Presse, alles ist gekommen, es werden feierliche Reden zum Preis der Gerechtigkeit gehalten, wobei der zu bezahlende Preis nicht genannt wird. Zuletzt wird der Saal geräumt, nur die männlichen Einwohner bleiben; sie bilden eine Gasse, Ill wird aufgefordert, näher zu treten, die Gasse schließt sich; und als sie sich wieder öffnet, konstatiert der anwesende Arzt den Tod Ills infolge Herzschlags, was die wieder herbeirasenden Reporter als Tod aus Freude auslegen. Die alte Dame überreicht den Scheck, der Sarg wird gefüllt, und sie reist ab, sie hat den Geliebten wieder, gereinigt, entsühnt wohnt er fortan bei ihr, ›ein mildes Gespenst in einem verfallenen Haus‹.
Warum den Inhalt so ausführlich erzählen? Weil hier das

IV. Das Echo der Uraufführung

heute selten Gewordene passiert ist, daß ein Dichter einen wirklichen, starken, tragenden Stoff gefunden hat. Was auch immer aus diesem Stoff geformt worden wäre, es möchte noch so unzulänglich sein – der Ruhm des Themas bliebe für Dürrenmatt. Aber der Dichter hat das Thema bewältigt. Noch nie – außer vielleicht in ›Romulus‹ – entsprach seine Griffkraft so sehr dem zu Ergreifenden. Zürich hat der Uraufführung eines großen Werks beigewohnt, und nicht wenige scheinen an der Premiere auch gespürt zu haben, was das bedeutet. Selbstverständlich kann ein solches Werk, das uns in unseren notwendigsten Feigheiten entlarvt, nicht gleich jene prompten Beifallsstürme entfesseln, die harmlosere oder uns harmloser scheinende Theaterstücke sofort begrüßen. Der Vorhang senkt sich hier über einer schauerlichen Anklage der Menschheit, die nur um so schauerlicher wird dadurch, daß der Einzige, der die angeborene Feigheit des Menschen überwindet, dieser Feigheit zum Opfer gebracht wird wie ein Schlachtopfer alter Zeiten. Hier sind weniger Mitleid und Furcht Ziel und Ernte des Theaters, sondern Selbsterkenntnis. Wer wagte es, sich *nicht* einzubeziehen in den falsch feierlichen Chor der Güllener, die in sophokleischem Stil zuletzt von der gemeinsamen Not der Armut singen? Auch der Autor schrieb ja als Mitschuldiger, sagt Dürrenmatt. Der Beifall war also stark, aber einem jeden Applaudierenden gleichsam abgerungen, was ihm nur um so größeres Gewicht gibt.

Zunächst wird der Zuschauer einmal die Schicksalsspinne Claire Zachanassian als Hauptperson empfinden – sie ist es nicht. Sie ist nur Auslöserin des Geschehens. Die Hauptfiguren sind Ill und ihm gegenüber die Masse der Güllener. Alles Menschen. Die Zachanassian jedoch ist jenseits des Menschlichen, eine Irre, eine Verbrecherin – wie man will – es ist gleichgültig, sie ist *absolut*. Nicht mit psychologischen Einordnungen zu erfassen. Darum sind ihr auch alle scheinbar abstrusen, unwahrscheinlichen Züge des Stücks zugeordnet: der wartende Sarg, die ein- und abgesetzten Ehemänner Nummer 7 bis 9, die Kastraten, die ihre Sänfte tragenden Verbrecher aus Sing-Sing, die großartige Kitschigkeit ihres Gefühls. Sie ist absolut, und deshalb ebenso sehr tragisch, wie komisch, wie grotesk, wie kitschig. Sie lebt in jener Sphäre, wo alles alles zugleich ist, da es der unterscheidenden, scheidenden Vernunft enthoben ist. Sie ist nicht gerecht, sie ist *die Gerechtigkeit*, ein Abstraktum, ein Roboter des Geistes – dies der Sinn ihres schon teilweise nur noch von Prothesen bewegten Leibes. – Ihr gegenüber der windige, kleinstädtische Don Juan Ill, der sie um die Aussicht, einen Spezereiladen zu erheiraten, schändlich preisgegeben hat, obwohl er sie lange nicht gekannt hat. Mit dem Alter hat er Fett und Ehrbarkeit, ja Ehrlichkeit angesetzt. Durch die Hölle der Angst hindurch, und nicht zuletzt durch das Wissen, daß er, wäre er nicht betroffen, nicht anders handeln würde als die Gülllener, gewinnt er die Kraft, gerecht zu sein. Er hat nicht Gerechtigkeit, er ist nicht Gerechtigkeit, er ist nur gerecht, gerade nur für diesen einen Fall, ganz konkret, ein einsames Ich, zermalmt zwischen der Masse der Vielen und dem Gewicht des Absoluten. – Und die Vielen? Frauen, die lang keine Schokolade mehr gegessen haben. Männer, die immer nur schlechtes Bier und billigen Tabak genossen haben. Arbeitslose und Abgearbeitete, denen Rettung aus aller äußeren Not gezeigt wird. Und eine prunkvolle Fassade für jede Feigheit – man wird ja zum Vorkämpfer der Gerechtigkeit. Immer wieder läßt hier Dürrenmatt die Menschen refrainartig sprechen – wie ja überhaupt die Folgerichtigkeit, mit der alles noch so turbulente Geschehen hier aus dem Mittel der Sprache entwickelt ist, größte Bewunderung heischt. Der Mensch und sein Wort sind hier absoluter Mittelpunkt; sogar ein Wald mit seinen Bäumen und Tieren wird in diesem Stück von Menschen gesprochen, was nur im ersten Augenblick befremdet, da es ohne jede geschmäcklerische Witzigkeit dargeboten wird. Gleich selbstverständlich vollzieht sich der Wechsel der Kulissen und der Verzicht auf realistische Dichtigkeit – und wie oft muß man es anderswo heute erleben, daß auf dem Theater die Kulissen und ihr Wechsel so dogmatisch betont entwirklicht werden, daß daneben der Meininger Stil ein Wunder der Leichtigkeit war! *Teo Ottos* Bilder erreichten jene Einheit von Durchsichtigkeit und Fülle, die seinen besten Leistungen eignet, die Bahnhofszenerie oder die Scheune (wo Therese Giehse ihre vielleicht gespenstischste Wirkung hat, rotgoldenes Götzenbild, das plötzlich zu sprechen begänne)

IV. Das Echo der Uraufführung

waren vorbildlich, während die Szenerie mit Laden, Polizeistube und Hotelbalkon an der Enge unserer Bühne etwas scheiterte.

Damit stände nun schon die Aufführung zur Diskussion. *Oskar Wälterlin* hat sie betreut. Noch ist sie nicht ganz sicher. Der Schlußchor beispielsweise, sehr schwierig durch die notwendige Reihenaufstellung der Sprechenden, müßte ganz andere Präzision erreichen. Doch wird das noch Fehlende zu erreichen sein. Man merkte jedenfalls das spürbare Eingehen des Regisseurs auf die verschiedenen Ausdrucksseiten des Werks, und gerade manche Nebenrolle war aufs genaueste getroffen. Die zwei Kastraten Koby und Loby wurden von *Haufler* und *Walter* geradezu poetisch eingesetzt, *Traute Carlsen* als Frau Ill war von einer beinahe tückisch zu nennenden Verschüchtertheit, *Parker* als Bürger, der im Rausch beinahe die Wahrheit sagt, hatte einen großen Tag. Aber man müßte eigentlich noch die *letzte* Rolle rühmen. Daß *Kuhlmann* die, vorsichtigste Abtönung erfordernde, Rolle des Bürgermeisters kundig verwaltet, versteht sich von selbst, ebenso, daß *Kraßnitzer* eine wahre Halluzination eines Schulmeisters auf die Bühne stellte. Ob Dürrenmatt sein Stück im Gedanken an *Therese Giehse* geschrieben hat? Manchmal mochte man es annehmen. Sie ist genau so herrisch, so damenhaft, so götzenhaft, so wild, so männlich gescheit und so weiblich verrückt, wie es die Rolle erfordert. Ein Alpdruck, nicht zuletzt dort, wo sie unser Lachen einmal erregt. Die schwerste Rolle des Werks, die schönste auch, ist jedoch die des Ill, für den unsere Bühne *Knuth* hatte. Wie in seinem Richter Adam wiegt in seiner Deutung das sympathisch Menschliche vor. Nur selten spielt er das schmierig Windige der Figur an die Oberfläche. Und wenn er dann zusammenbricht, so tut er es noch mit Männlichkeit und Anstand. Er hat die Angst des Mutigen, eine etwas simple, phantasielose, aber nur um so mehr Mitleid erregende Angst. Und welch wahre Einfachheit beim zweiten Gespräch im Wald! Welch kindliche Freude an der Welt beim Abschied von dieser Welt! Gefährdet die Sympathie, die er fast unablässig im Zuschauer erweckt, das Stück? Sicher nicht, wenn wir uns die Deutung vor Augen halten, die der Dichter dem Werk gegeben hat: hier töte die

Gerechtigkeit einen gerecht Gewordenen und werde damit zur Ungerechtigkeit.

›Der Besuch der alten Dame‹ wird einen langen Weg machen. Das darf man ruhig prophezeien. Er wird Darsteller und Regisseure gleicherweise locken. Er wird auch auf sehr viele Arten gespielt werden, gespielt werden *dürfen*. Wilder nach allen Seiten ausgreifend, der komischen und der tragischen, wilder, als es bei uns geschehen ist. Geraffter, verkürzter, knochiger, ausgemergelter, oder auch stofflicher, derber, sinnlicher. Die Zürcher Uraufführung hält eine schöne Mitte. Sie läßt den Dichter sprechen, mit Recht wissend, daß er ein geborener Theaterdichter ist. Vieles möchte man noch sagen, aber man endete beim Lob der Heimat, das ja meistens als Selbstlob mißverstanden wird. Darum sei hier der Punkt gesetzt.«

(ebs. [= Elisabeth Brock-Sulzer]: Dürrenmatt: Der Besuch der alten Dame. In: Die Tat, Zürich, 1. Februar 1956)

Jakob W e l t i :

»Die gänzlich verarmte Kleinstadt Güllen, der lausigsten eine an der Strecke Venedig–Stockholm, erhält den Besuch der alten Milliardärin Claire Zachanassian, einst Kläri Wäscher, in Güllen geboren und aufgewachsen. Ihr brüsker Einzug in der Heimat – sie hat einfach die Notbremse des Expreßzuges gezogen – bringt die Bürgerschaft zwar um eine wohlgeordnete Empfangsfeierlichkeit; aber auch so gibt es genug zu staunen, denn Dürrenmatt hat das liebliche Klärchen mit den tollsten Requisiten seiner blühenden Vorstellungskraft ausgestattet. Ihr linkes Bein ist künstlich, die rechte Hand ebenso (Elfenbein), ihr Gefolge besteht aus dem vertrottelten Gatten Nr. 7, den sie durch Heirat in Güllen gegen die Nummern 8 und 9 austauschen wird, aus Rechtsberatern, Kastraten und Gangstern, und im großen Gepäck befindet sich u. a. ein schwarzer Panther und ein leerer Sarg. Im übrigen aber ist die sachlich-bestimmt auftretende, obzwar gelegentlich seltsame Fragen stellende alte Dame goldrichtig, und das interessiert die auf ihre Mildtätigkeit spekulierenden, verlumpten Güllener am meisten. Alles scheint sich denn auch wie im holden Märchen zugun-

IV. Das Echo der Uraufführung

sten der guten Leute abzuspielen. Nach einem kurzen Spaziergang mit dem Jugendfreund Illi [so durchweg!] durch die waldigen Liebesnester der Vergangenheit erklärt sich Kläri spontan gewillt, der Heimatstadt fünfhundert Millionen zu schenken, weitere fünfhundert Millionen der Bürgerschaft, verteilt auf jede Familie. Weiter treibt aber Dürrenmatt den vordergründig-harmlosen Spaß nicht, jetzt kommt der erwartete Partherpfeil geflogen, blutigen Ernst in die Komödie tragend. Madame Zachanassian knüpft an ihre Schenkung eine Bedingung: sie will für das viele Geld – Gerechtigkeit haben. Als junges Ding hat sie den Alfred Illi geliebt, der sie einer wohlhabenden Krämerstochter wegen sitzen ließ und durch Bestechung zweier Zeugen dafür sorgte, daß Kläris Vaterschaftsklage gegen ihn abgewiesen wurde. Diese Ungerechtigkeit, die sie mit ihrem Kind ins Elend stieß, will die alte Zachanassian gesühnt sehen: eine Milliarde gegen Illi, den ihr die Gülliner sargfertig zu liefern haben.

Im Namen der Menschlichkeit wird das Ansinnen des weiblichen Shylock einstimmig und mit Entrüstung zurückgewiesen. Aber Madame erklärt ruhig, warten zu können. Sie kennt die Macht des Geldes und die Menschen. – Das Milliardenangebot rumort in den Köpfen der Gülliner. Man beginnt auf Kredit besser zu leben. Illi verliert die Nerven, sieht überall seinen Mörder, will fliehen, bringt aber die Kraft dazu nicht mehr auf. Inzwischen hat die Alte ganz Güllen aufgekauft, um die Stadt völlig zu ruinieren. Die Volksmeinung wendet sich gegen Illi. Man legt ihm eine Schußwaffe zur freiwilligen Benützung hin. Der gequälte Mann lehnt zwar ab, erklärt sich aber bereit, widerstandslos das Urteil der Gemeindeversammlung anzunehmen. Den herbeigeeilten Radio- und Presseleuten spielt man lediglich die feierliche Behandlung des Geldangebotes vor, von der ›Bedingung‹ erfährt die Öffentlichkeit nichts. Einstimmig wird die Schenkung angenommen – nicht des Geldes, sondern der Gerechtigkeit wegen. Illi verschwindet unter seinen Mitbürgern und stirbt. ›Herzschlag‹ konstatiert der Stadtarzt. Daß dann das böse alte Weib, das Männer entmannen, blenden und töten läßt, an der Bahre Illis mit einem sentimentalen Herzenserguß aufwartet, diese stil-

widrig peinliche Szene hätte uns Dürrenmatt freilich ersparen dürfen. Madame tauscht nun ihren treulosen einzig geliebten Alfred gegen den Check ein. Im Galasarg führt sie den Helden ihrer Jugend nach Capri ins bereitstehende Mausoleum zwischen den Zypressen, mit Blick aufs Mittelmeer ... Ein zweiteiliger Chor, ›zufällig der antiken Tragödie angenähert‹, wie Dürrenmatt erklärt, lobpreist die aus dem alten Elend glanzvoll aufgestiegene neue Welt des Glücks und der Freude in Güllen.
›Tragische Komödie‹ ist eine fast zu milde Bezeichnung für dieses grausame Spiel, das den Zuschauer, wie immer bei Dürrenmatt, zwischen Zustimmung und Ablehnung in der Schwebe hält, aber entschieden auf weite Strecken zu fesseln versteht. Man folgt diesem entfesselten Berner gerne in die Gefilde seiner blühenden Phantasie, konstatiert mit Respekt seine Belesenheit, aus der ihm so viele, meist einfallsreich variierte Anleihen aus der Weltdramatik von Sophokles bis Wilder in den Garten wachsen, und freut sich darüber, daß ›Der Besuch der alten Dame‹ gegenüber früheren Werken Dürrenmatts eine bedeutend straffere dramaturgische Linienführung aufweist. Wohl dominiert das geldschwere, unerbittlich harte alte Weib, aber wie ihm in dem Krämer Illi ein mit seinen Nöten wachsender Protagonist entgegengestellt wird, hat schönes Gewicht, führt zu den wesentlichsten Akzentsetzungen in der Beleuchtung des makabren Themas. Mit Rankenwerk hat Dürrenmatt, wie gewohnt, nicht gespart. Es entwickelt sich, bei manchem Witz in Situation und Aperçu, reichlich in die Breite, ermüdet den Hörer und Zuschauer namentlich im letzten Akt. [...]
Oskar Wälterlin leitet das Ganze mit bestem Verständnis für die hinterhältige Eigenart von Dürrenmatts ›Komödien‹-Stil, für den oft sprunghaften Wechsel von Ernst und Spaß, für dramatische Ballungen und auflockernde Gags. Der platten Realität entrückt, auf einer surrealen Ebene spielt sich dieser grausliche Besuch ab, gespenstisch, irrlichternd, aber ohne Grand-Guignol-Drücker, wie ein Wachtraum. In Therese Giehse hat der ausgezeichnete Spielleiter eine ideale Vertreterin der Hauptrolle zur Stelle. Eine aus dem Geschlecht der Folle de Chaillot ist das, besessen von

ihrem Gerechtigkeitswahn, jedes menschliche Vibrieren hinter einem sachlich-kühlen Gehabe verbergend. Imponierend in Haltung, sparsamster Gestik und beherrschtem Ton, fesselt die Künstlerin in dieser großen Rolle, die zweifellos auch von weitern bedeutenden Darstellerinnen begehrt sein wird. Der andere Hauptträger des Stückes ist Gustav Knuth als Illi. Schön, wie er die innere Wandlung des Krämers zum Ausdruck bringt, aus dem plump-vertraulichen Schmunzler zum gehetzten, vom Verfolgungswahn gepackten armen Menschen wird, der schließlich resigniert und für seine verjährt geglaubte Schuld büßt.
[...] Aus dem seltsamen Gefolge der alten Dame seien der Butler Herman Wlachs und die beiden gespenstischen Kastraten Max Hauflers und Rudolf Walters mit Auszeichnung genannt. – Autor und Interpreten konnten sich für stärksten Beifall bedanken.«

> (wti [= Jakob Welti]: Friedrich Dürrenmatt: »Der Besuch der alten Dame«. Schauspielhaus Zürich. In: Neue Zürcher Zeitung, 3. Februar 1956)

Manuel Gasser:

»Dürrenmatt macht es seinem Zuschauer nicht leicht. Zwar ist sein Stück weder verworren noch dunkel, sondern, was die Fabel betrifft, so zwingend einfach wie eine antike Sage oder ein Märchen der Brüder Grimm. Auch läuft die Handlung in einem schön geschwungenen, kunstvoll gegliederten Bogen völlig logisch ab. Die Schwierigkeiten beginnen erst bei den Personen. Die Titelheldin etwa: zuerst glaubt man es mit einer grotesk-lustigen Person zu tun zu haben, mit einer ins Dämonische gesteigerten Karikatur. Dann wandelt sie sich zur Schicksals- und Rachegöttin, die Gerechtigkeit kaufen will wie eine Ware und damit eine ganze Stadt korrumpiert. Aber es wird lange nicht klar, wie es sich denn nun eigentlich mit ihr verhält. Ist sie böse oder ist sie nur das Werkzeug des Bösen? Und wenn sie böse ist, war sie es schon damals, als sie mit dem jungen Ill im Konradsweilerwald ein Herz in die Baumrinde schnitt? Oder ist sie erst durch Ills Schuld böse geworden? Ähnliche Fragen bei ihrem Gegenspieler. Wie soll man sich zu ihm ver-

halten, nachdem man (recht spät, nach einem geistigen Abstecher in die falsche Richtung) gemerkt hat, daß er nicht der Bösewicht, sondern das Opfer des Bösen ist? Nun scheint es zwar, der Autor habe den einzigen ›Helden‹ seines Stückes mit Absicht als erbärmlichen Kerl gezeichnet — um zu zeigen, daß das Heil nicht vom Ungemeinen, sondern vom Gewöhnlichen und Gemeinen zu erwarten ist. Gut. *Aber wohin sollen wir dann mit unserer Sympathie?*
Mit solchen Fragen schlägt sich der Zuschauer herum, während die Handlung abläuft. Und auch wenn das Stück zu Ende ist, wird er sie nicht los. Wie Kletten haften sie in seiner Erinnerung.
Das ist ein gutes Zeichen. Denn es beweist, daß der Zuschauer Dürrenmatts Personen ernst nimmt. Daß er Menschen aus Fleisch und Blut in ihnen sieht, Menschen mit ihren Widersprüchen und Rätseln, hinter die zu kommen er sich bemüht. Das gilt nicht nur für die Hauptpersonen, sondern auch für jene Figuren, denen der Dichter etwas Marionetten- und Schemenhaftes verlieh. Aber es sind keine am Schreibtisch gezeugten Schemen, sondern echte Nachtgespenster, Vampire, die sich vom Blut lebendiger Geschöpfe genährt haben.
Die Personen des Dramas also nimmt man ernst. Und seine Moral? Seine unerbittliche, grausame, vernichtende Moral?
Das steht auf einem andern Blatt. Nur moderne Erfolgsapostel pflegen ihre Wirkung statistisch und karteimäßig zu erfassen. Der Dichter sagt, was er sagen muß. Ob der Beifall, der nach dem dritten Akt prasselt, seiner literarischen Leistung oder der Wahrheit des Stückes gilt, kann er nicht wissen. Und wahrscheinlich ist es auch ganz gut, wenn er's nicht weiß.
Der Beifall nach der Zürcher Uraufführung galt aber nicht nur ihm, sondern zu gleichen Teilen auch dem Regisseur Oskar Wälterlin und den Darstellern.
Wälterlin war in seinem Element. Ein kunstvolles, reichfacettiertes Stück mit Hinter- und Untergründen — da kann er sein vom Musikalischen her bestimmtes Talent entfalten, da ist es ihm vergönnt, mit weicher, aber sicherer Hand Farben und Lichter aufzusetzen, Schatten hinzutuschen, die

Bühne allenthalben zum Leben, Weben und Blühen zu bringen. Naiverweise könnte man glauben, es sei in dieser Aufführung vieles dem Zufall überlassen; aber hinter dieser scheinbaren Nachlässigkeit stehen – genau wie beim Text Dürrenmatts – schöpferische Unruhe und echte Leidenschaft.

Was die Titelheldin, Therese Giehse, angeht, so weiß ich nicht, ob die Rolle ihr auf den Leib geschrieben wurde. Jedenfalls macht sie es uns glauben. Es ist eine Glanz- und Bombenrolle, wie sie das Theater selten zu vergeben hat. Und sie sitzt der Giehse wie der Handschuh der Hand. Genau betrachtet allerdings ist es keine leichte Rolle; denn sie zwingt die Darstellerin, auf einem schmalen, scharfen Grat einen ganzen Abend lang Fuß vor Fuß zu setzen. Therese Giehse bringt diesen Balancierakt zustande, ohne eine Sekunde zu ermüden. Und ohne ihr Publikum einen Augenblick aus der Spannung zu entlassen. *Wie* groß diese Leistung ist, wird man erst erkennen, wenn sich eine geringere Schauspielerin an die Claire Zachanassian wagt.

Weniger spektakulär, aber nicht minder bewunderungswürdig ist der Ill ihres Gegenspielers Gustav Knuth. Er spielt seinen Part ohne Eitelkeit, grau in grau. Aber dieses Grau hat eine Unzahl von Abschattierungen, eine Fülle und Tiefe, die höchstes Lob verdient.«

> (M. G. [= Manuel Gasser]: Der neue Dürrenmatt. Uraufführung der tragischen Komödie »Der Besuh der alten Dame« im Zürcher Schauspielhaus am 29. Januar 1956. In: Die Weltwoche, Zürich, 6. Februar 1956)

Wolfgang D r e w s :

»Die alte Dame ist steinreich, der Autor, großzügiger als gemeinhin seine deutschen Kollegen, billigt ihr rund drei Milliarden zu; um welche Währung es sich handelt, bleibt offen. Sie besucht ihre gründlich verarmte Heimatstadt, festlich empfangen, versteht sich, und ist bereit, ein Drittel ihres Vermögens für das Wohl des Gemeinwesens und seiner Bürger zu opfern. Das ist die Komödie, es gibt keinen Zweifel, aber *Friedrich Dürrenmatt* fügt das Adjektiv ›tragisch‹ hinzu; er nennt sein Stück: eine tragische Komödie. Um was geht es ihm? Um Gerechtigkeit und Korruption. Die alte Dame, ziemlich weit entfernt von jeder Selbstlosigkeit, stellt eine Bedingung: sie verlangt Gerechtigkeit, und schnell hat sie die hübscheste Korruption entfesselt, die mit nagelneuen gelben Schuhen beginnt und einem bescheidenen kleinen Mord endet. So verzinst sich die Milliarde der lieben alten Frau, die auf den Pfaden ihrer Jugend wandelt, den Wald und die Scheune besucht, die Stätten ihrer absolut nicht platonischen ersten Liebe. Die weite Reise, der Ruin der Stadt, den sie inszenierte, die erfindungsreichen Bestechungen, die nicht sehr angenehm stinkende Stiftung – nichts ist ihr schlecht genug, ihre lang im Busen gehegten Rachepläne auszuführen. Der Jugendfreund hat sie einst verlassen, durch meineidige Zeugen ruiniert, sie erstens in das sündige Leben des Bordells und zweitens in das elende Leben des Reichtums getrieben. Niemand wundert sich, daß solche Erlebnisse mit dem Tode des Urhebers geahndet werden müssen. Da der auf diese Art schwer belastete alte Freund zufällig, vom Glanz der Millionärsgnade scheinbar gestreift, der beliebteste Bürger der Stadt ist, bedarf es der umständlichsten Vorbereitungen, ehe das Urteil vollstreckt werden kann.

Friedrich Dürrenmatt hat eine Parabel geschrieben und sich dafür die ehrwürdige alte Dame erdacht, ein imposantes Gespenst des Geldes. Wie sie verlangt, nennt er ›eine unanständige Parodie der Gerechtigkeit‹, aber die Korruption, die ihr antwortet, ist sehr anständig, goldecht. Was ist Liebe, Treue, Freundschaft, bürgerliche Brüderschaft, wenn ein dicker Geldsack in die Nähe rückt? Nichts, weniger als nichts; darauf kann man sich verlassen, nicht nur in dieser selbsterschaffenen, eigenen Welt, die Dürrenmatt der tatsächlichen Welt hinzugesellt, zum Ruhme und Nutzen des Theaters.

Die ersten Kommentatoren melden sich, sie sprechen von der Entscheidung eines Kollektivs zwischen Gemeinnutz und Gewissen, erwähnen das christliche Drama, das Märchen, den Mythos. Das klingt alles sehr tiefsinnig, aber besser ist es, sich an das Anschauliche zu halten. Davon gibt es bei Dürrenmatt wiederum eine ganze Menge. Claire Zachanassian, geb. Wäscher, aus der Stadt Güllen reist mit gro-

IV. Das Echo der Uraufführung

ßem Gepäck. Eine komplette Menagerie folgt ihr, ein Panther, der als wohlerzogenes Sexualrequisit nur erwähnt, nicht gezeigt wird, drei kurzfristige, aus der Filmbranche und der Gesellschaft der Nobelpreisträger bezogene Ehegatten, ein Butler, der vormals Oberrichter war, zwei Raubmörder als willige Diener, zwei geblendete Kastraten als läppische Narren. Ihr alter Freund hingegen ist ein dummschlauer Kleinbürger, den zunächst sein Vergehen wenig, später sein Opfer, das seine Mitbürger von ihm verlangen, bedeutend mehr bedrückt.

Die Mischung wird sichtbar. Reale Basis mit Symbolbezügen. Der belesene Autor hat neue Anreger gefunden; begnügte er sich früher mit Wedekind, ist er jetzt bis Sternheim und Kaiser fortgeschritten, und die Irre von Chaillot spukt, um hundertachtzig Grad gedreht, auch in dem Geschehen. Dürrenmatt ist ein guter Futterverwerter; er nimmt auf (was keine Schande ist), ein Leser, dem das Gelesene zuwächst, neue Kräfte kommen ihm durch die gute Nahrung (was ein Vorzug ist im Kreise unserer engbrüstigen Originalgenies). Dürrenmatt ist nicht engbrüstig und ein Original ist er auch. Intellektuell und naiv, mit Pranke und Hirn, Phantasie und Energie. Ein legitimer Theaterautor.

Er baut prächtige, sinnfällige Szenen. Von den Unisonosprechern aus der expressionistischen Vergangenheit über den Rütlischwur im kleinstädtischen Theatersaal mit dem dumpfen Gemurmel ›Nicht des Geldes, der Gerechtigkeit wegen‹ bis zu dem sophokleischen Schlußchor mit seinem Loblied auf die Güte und den Edelmut, den Aufstieg, den Fortschritt. Welch ein massierter Hohn, wie reizend die Bosheit, die Ironie mit dem doppelten, dem dreifachen Boden. Dieser Autor kennt die Wirkungen des Theaters.
[...]
Der tüchtigen Züricher Aufführung ist die Bekanntschaft mit einer Komödie zu danken, ungewöhnlich im Einfall und in der Gestaltung, ungewöhnlich in ihrer theatralischen Kraft, mit einem modernen Stück Theater, das (wie unmodern!) eher an einem Zuviel als an einem Zuwenig leidet. Die endgültige Form hat diese Inszenierung der Komödie

noch nicht gegeben. Demnächst will Hans Schweikart sie spielen, einstweilen saß er, mit Theaterleitern und Kritikern aus Österreich und Deutschland, im Parkett.«

(Drews: Dürrenmatt-Uraufführung in Zürich. Besuch einer alten Dame. In: Süddeutsche Zeitung, 1. Februar 1956)

Hansres Jacobi:

»›Das Tragische ist auch heute noch möglich, auch wenn die reine Tragödie nicht mehr möglich ist. Wir können das Tragische aus der Komödie heraus erzielen, hervorbringen als einen schrecklichen Moment, als einen sich öffnenden Abgrund ...‹ Aus dieser Konzeption schrieb Friedrich Dürrenmatt seine ›tragische Komödie‹ in drei Akten, ›Der Besuch der alten Dame‹, die soeben im Zürcher Schauspielhaus uraufgeführt wurde.

Das Geschehen ist ungewöhnlich und ausgefallen, wie meistens bei Dürrenmatt: [...]

Eine verzwickte Geschichte, in der sich Elemente der Groteske, des Schauerdramas, der Sozialkritik und der Tragödie vermischen, in der gleichermaßen ein Schuß Kafka (der gehetzte) und ein Schuß Grand Guignol zu finden sind. Der Einfall ist wiederum blendend, wird jedoch in seiner Wirkung durch die mangelnde Folgerichtigkeit der Durchführung beeinträchtigt. Unbefriedigend bleibt, daß das Opferlamm von Anfang an befleckt ist; die Satire wird geschwächt, weil der Mann, der geopfert wird, tatsächlich ein strafbares Verbrechen begangen hat, indem er nicht nur seine Geliebte samt ihrem Kind verlassen, sondern sich der Anstiftung zum Meineid und der Bestechung schuldig gemacht hat. Er hat also eine Strafe verdient, und wenn er nun der Habgier seiner Mitbürger statt der wirklichen Gerechtigkeit zum Opfer fällt, so erscheint das als ein störender Zufall.

Noch störender aber ist die nicht durchgehaltene Konzeption der Claire Zachanassian, die in Güllen auftaucht, um sich an ihrem treulosen Geliebten dafür zu rächen, daß er ihr Leben verpfuschte. Ihr ganzes Leben ist auf die Rache aufgebaut, deren einer Bestandteil auch der Massenkonsum an Ehegatten ist. Am Schluß des Stückes indessen löst sich

IV. Das Echo der Uraufführung

die vermeintliche Rache in billige Sentimentalität auf: vor der Leiche ihres einstigen Romeo gesteht sie, daß sie ihn tötete, um ihn wieder rein als den Helden ihrer Jugend sehen zu können, um sein Bild unbefleckt in ihrer Erinnerung bewahren zu können. Dieser verwaschene Gefühlsausbruch stört nicht nur die Folgerichtigkeit des Handlungsimpulses der Frau Zachanassian, sondern läßt deren ganzes Leben als reichlich pervers und absurd erscheinen.
Verglichen mit den früheren Werken des Autors, ist ›Der Besuch der alten Dame‹ straffer in der Durchführung, gerundeter, wenngleich sich immer noch eine Menge von Ansätzen findet, die nicht durchgeführt werden. Das kabarettistische Element ist weitgehend zurückgedämmt und äußert sich nur in winzigen Einzelszenen. (Peinlich wirkt allerdings die Parodie auf Sophokles und Hölderlin.)
Formal bedient sich Dürrenmatt der vor allem seit Thornton Wilder wieder aktuellen Form des entzauberten Theaters, in dem die Requisiten auf ein Minimum beschränkt sind und weitgehend durch die Darsteller erspielt und angedeutet werden. Man darf gegen den Dichter deshalb aber keinesfalls den Vorwurf des Epigonentums erheben. Sein Stück ist von großer, urtümlicher, dramatischer Dichte und von einem vitalen theatralischen Elan, wie ihn heute nur wenige Autoren der deutschen Bühne aufzuweisen haben. Dürrenmatt ist im eigentlichsten Sinn des Wortes ein Homo ludens, den der Trieb treibt, sich eigene Welten zu schaffen, die er der Welt der Realität gegenüberstellt.«

(Jacobi: Wenn plötzlich der Abgrund sich öffnet. Internationales Publikum erlebte den neuen Dürrenmatt: »Der Besuch der alten Dame«. In: Die Welt, 3. Februar 1956)

Heinz Beckmann:

»Friedrich Dürrenmatt ist ein strapaziöser Dramatiker. Bei jeder Uraufführung eines neuen Stückes denkt man: diesmal packt er es vielleicht, diesmal vielleicht hat er die Muse wirklich beim Kragen. So hangelt man sich von einem dramatischen Versprechen zum anderen, aus einer Enttäuschung in die nächste, und das letzte Stück, das einen gestern enttäuschte, dünkt einem heute besser als die jüngste Enttäu-

schung. Als wir Dürrenmatts erstes Theaterstück sahen ›Es steht geschrieben‹, ein skandalöses, gotteslästerlich wetterfunkelndes Szenarium, fühlten wir uns einigermaßen aufgewirbelt und meinten: das ist der Lehm, aus dem ein Dramatiker gebacken wird. Freilich war es vorerst nur brodelnder Urschlamm. Aber von Stück zu Stück trocknete der Schlamm aus, ehe er noch Form gewonnen hatte.
Friedrich Dürrenmatt ist ein vertrackter Fall. Sicher hätte man ihn längst abgeheftet, wenn Dürrenmatt nicht so begabt wäre, und zwar spezifisch zum Drama begabt. Er weiß die rechte Fabel zu finden, selbst wo er spintisiert, er besitzt eine beachtliche Sensibilität für das Szenische sogar auch noch bei irrealen Vorgängen, er ist ein Virtuose der Exposition und fürchtet sich nicht vor grellem Spaß und pfefferscharfer Ironie mitten in der Tragödie. Aber der Mensch ist ihm unbekannt. Er kennt nur das Exemplar, nur das Demonstrationsobjekt. Weshalb denn auch sein Spaß und seine Ironie fast ständig auf die Rutschbahn ins mittelmäßige Kabarett geraten.
Bei der Uraufführung seiner tragischen Komödie ›Der Besuch der alten Dame‹ in Zürich dachte man sogar den ganzen ersten Akt lang: jetzt hat Dürrenmatt es tatsächlich geschafft, jetzt greift er endlich zu. Desto bitterer war dann die Enttäuschung bis zum antiken Schlußchor der Leute aus Güllen, in dem dummerhaftiger daherskandiert wird, als es auf einer ausgewachsenen Bühne erlaubt sein sollte. Zorniger habe ich selten eine Premiere verlassen, und es bleibt denn nun nur noch dieser Zorn. Immerhin, zornig wird man nur, wo es sich lohnt. Friedrich Dürrenmatt schrieb zu der Uraufführung in Zürich einige Randnotizen. Darin nennt er die Gegenwart einen ›Steinbruch, aus dem ich die Blöcke zu meinen Komödien haue‹. Leider scheint dieser Steinbruch, bildlich gesprochen, ein Kaffeehaus gewesen zu sein, in dem man zum Espresso Gin trinkt.
In der kleinen Stadt Güllen liebte Claire ihren Alfred. Sie war siebzehn, er auch noch nicht zwanzig. Claire erwartete ein Kind, aber Alfred wollte nicht zahlen. Alfred besorgte sich zwei meineidige Burschen. So geriet Claire auf die schiefe Bahn. Ihr Kind starb bald, und dann heiratete sie einen unermeßlich reichen Mann. Sie heiratete später noch

IV. Das Echo der Uraufführung

achtmal und wurde immer reicher. In Güllen aber ahnte niemand, daß Claire durch Agenten sämtliche Fabriken und Grundstücke aufkaufte, um die Stadt, an der ihre einzige Liebe verdarb, zu ruinieren. So begann ihre Rache. Nach fünfundvierzig Jahren kehrt Claire nach Güllen zurück. Sie will ihrer verelendeten Heimatstadt mit einer Schenkung von einer Milliarde Mark aufhelfen, freilich nur unter der Bedingung, daß Alfred getötet wird.

Das ist kein übler Stoff, und der erste Akt knistert denn auch recht verheißungsvoll. Natürlich weigern die Güllener sich, Alfred zu töten. Aber alle fangen an, auf Schulden einzukaufen. Sogar der Pfarrer hat neue Glocken bestellt, und der Bürgermeister läßt ein modernes Rathaus entwerfen. Jedermann scheint heimlich zu hoffen, daß Alfred doch zu Tode kommt. So häufen sich die Schulden, häuft sich das Wohlleben, häufen sich die Hoffnungen auf Claires Milliarde. Endlich versucht der Bürgermeister, Alfred zum Selbstmord zu überreden. Als das nichts hilft, wird Alfred in einer Gemeindeversammlung sozusagen kollektiv ermordet. Alle sind daran beteiligt, auch der Pfarrer. Claire aber, die eben noch zynische Nemesis zu sein schien, sinkt an Alfreds Leiche nieder und wimmert sentimentale Sprüche. Dann unterschreibt sie den Scheck und nimmt Alfred im Sarg mit nach Capri. Alfreds Frau hat sich einen Pelzmantel, sein Sohn ein Auto gekauft, indessen seine Tochter Tennis spielt. Kein Laut der Klage wird von der Familie vernommen.

Nach dem ersten Akt, der durch seine Exposition besticht, verschlammt die Komödie, aber nicht mehr brodelnd wie einst, sondern zäh, sehr zäh. Und wieder machen sich jene degoutanten, weil unnötigen Übersteigerungen bemerkbar, die bei Dürrenmatt früher einmal für Wildwuchs gehalten werden konnten. Heute denkt man anders darüber. Claire trägt am linken Bein und an der rechten Hand eine Prothese. Ihre Sänfte wird von zwei Raubmördern befördert, die sie aus dem Zuchthaus kaufte. Jene beiden meineidigen Zeugen aber ließ sie blenden und entmannen, um sie als Hampelmänner in ihrem Gefolge mitzuführen. Alle zwei Minuten tröpfelt ein fader Kabarettwitz, bis die Bühne am Ende gar völlig von Reportern und Wochenschaumännern beherrscht wird. Und dann versammeln sich die lieben, mörderischen Güllener zu einem Sprechchor, in dem die Konjunktur oder sonst was ganz ohne Ironie ironisiert wird. Schade, sehr schade, denn das kalte Rachegelüst der reichen Claire hätte, an ein paar wirklichen Menschen entwickelt, ein ziemlich bedrückendes Drama auslösen können.

Oskar Wälterlins Inszenierung in den großartigen Bühnenbildern von Teo Otto war eines besseren Stückes würdig. Nur fragt es sich, ob man Dürrenmatt sein neues Stück so abnehmen durfte. Vielleicht müßte man böse mit ihm werden, damit er merkt, wozu man so begabt ist wie Friedrich Dürrenmatt.«

> (Beckmann: Eine tragische Komödie. Friedrich Dürrenmatt »Der Besuch der alten Dame« [Kritik vom 3. Februar 1956 zur Aufführung in Zürich]. In: H. B., Nach dem Spiel. Theaterkritiken 1950 bis 1962. München: Langen-Müller 1963. S. 149–151)

V. Dürrenmatt zur Poetik der Komödie[1]

»In der Dramaturgie wird zwischen einem tragischen Helden, dem Helden der Tragödie, und einem komischen Helden, dem Helden der Komödie, unterschieden. Die Eigenschaften, die ein tragischer Held haben muß, sind bekannt. Er muß fähig sein, unser Mitleid zu erwecken. Seine Schuld und seine Unschuld, seine Tugenden und seine Laster müssen aufs angenehmste und exakteste gemischt und dosiert nach bestimmten Regeln erscheinen, derart etwa, daß, wähle ich zum Helden einen Bösewicht, ich ihm zur Bosheit eine gleich große Menge Geist beimengen muß, eine Regel, die bewirkte, daß in der deutschen Literatur die sympathische Theatergestalt gleich der Teufel wurde. Das ist so geblieben. Geändert hat sich nur die soziale Stellung dessen, der unser Mitleid erweckt.

In der antiken Tragödie und bei Shakespeare gehört der Held der höchsten Gesellschaftsklasse an, dem Adel. Das Publikum sieht einen Helden leiden, handeln, rasen, der eine höhere soziale Stellung besitzt, als es selber einnimmt. Das ist noch immer für jedes Publikum höchst eindrucksvoll.

[...]

Nun hat das Theater auch schon vorher nicht nur von Königen und Feldherren gehandelt, die Komödie kannte seit je den Bauer, den Bettler, den Bürger als Helden, aber eben, die Komödie. Bei Shakespeare tritt nirgends ein komischer König auf, seine Zeit konnte einen Herrscher wohl als bluttriefendes Scheusal, doch nie als Narren zeigen. Komisch sind bei ihm die Hofschranzen, die Handwerker, die Arbeiter. So zeigt sich denn in der Entwicklung des tragischen Helden eine Hinwendung zur Komödie. Das gleiche läßt sich beim Narren nachweisen, der immer mehr zur tragischen Figur wird. Dieser Tatbestand ist jedoch nicht bedeutungslos. Der Held eines Theaterstückes treibt nicht nur eine Handlung vorwärts oder erleidet ein bestimmtes Schicksal, sondern stellt auch eine Welt dar. Wir müssen uns

---

1. Vgl. auch S. 87.

daher die Frage stellen, wie unsere bedenkliche Welt dargestellt werden muß, mit welchen Helden, wie die Spiegel, diese Welt aufzufangen, beschaffen und wie sie geschliffen sein müssen.
Läßt sich die heutige Welt etwa, um konkret zu fragen, mit der Dramatik Schillers gestalten, wie einige Schriftsteller behaupten, da ja Schiller das Publikum immer noch packe? Gewiß, in der Kunst ist alles möglich, wenn sie stimmt, die Frage ist nur, ob eine Kunst, die einmal stimmte, auch heute noch möglich ist. Die Kunst ist nie wiederholbar, wäre sie es, wäre es töricht, nun nicht einfach mit den Regeln Schillers zu schreiben.
Schiller schrieb so, wie er schrieb, weil die Welt, in der er lebte, sich noch in der Welt, die er schrieb, die er sich als Historiker erschuf, spiegeln konnte. Gerade noch. War doch Napoleon vielleicht der letzte Held im alten Sinne. Die heutige Welt, wie sie uns erscheint, läßt sich dagegen schwerlich in der Form des geschichtlichen Dramas Schillers bewältigen, allein aus dem Grunde, weil wir keine tragischen Helden, sondern nur Tragödien vorfinden, die von Weltmetzgern inszeniert und von Hackmaschinen ausgeführt werden. Aus Hitler und Stalin lassen sich keine Wallensteine mehr machen. Ihre Macht ist so riesenhaft, daß sie selber nur noch zufällige, äußere Ausdrucksformen dieser Macht sind, beliebig zu ersetzen, und das Unglück, das man besonders mit dem ersten und ziemlich mit dem zweiten verbindet, ist zu weitverzweigt, zu verworren, zu grausam, zu mechanisch geworden, und oft einfach auch allzu sinnlos. Die Macht Wallensteins ist eine noch sichtbare Macht, die heutige Macht ist nur zum kleinsten Teil sichtbar, wie bei einem Eisberg ist der größte Teil im Gesichtslosen, Abstrakten versunken. Das Drama Schillers setzt eine sichtbare Welt voraus, die echte Staatsaktion, wie ja auch die griechische Tragödie. Sichtbar in der Kunst ist das Überschaubare. Der heutige Staat ist jedoch unüberschaubar, anonym, bürokratisch geworden, und dies nicht etwa nur in Moskau oder Washington, sondern auch schon in Bern, und die heutigen Staatsaktionen sind nachträgliche Satyrspiele, die den im Verschwiegenen vollzogenen Tragödien folgen. Die echten Repräsentanten fehlen, und die tragischen Hel-

den sind ohne Namen. Mit einem kleinen Schieber, mit einem Kanzlisten, mit einem Polizisten läßt sich die heutige Welt besser wiedergeben als mit einem Bundesrat, als mit einem Bundeskanzler. Die Kunst dringt nur bis zu den Opfern vor, dringt sie überhaupt zu Menschen, die Mächtigen erreicht sie nicht mehr. Kreons Sekretäre erledigen den Fall Antigone. Der Staat hat seine Gestalt verloren, und wie die Physik die Welt nur noch in mathematischen Formeln wiederzugeben vermag, so ist er nur noch statistisch darzustellen. Sichtbar, Gestalt wird die heutige Macht nur etwa da, wo sie explodiert, in der Atombombe, in diesem wundervollen Pilz, der da aufsteigt und sich ausbreitet, makellos wie die Sonne, bei dem Massenmord und Schönheit eins werden.
[...]
Die Tragödie, als die gestrengste Kunstgattung, setzt eine gestaltete Welt voraus. Die Komödie – sofern sie nicht Gesellschaftskomödie ist wie bei Molière – eine ungestaltete, im Werden, im Umsturz begriffene, eine Welt, die am Zusammenpacken ist wie die unsrige. Die Tragödie überwindet die Distanz. Die in grauer Vorzeit liegenden Mythen macht sie den Athenern zur Gegenwart. Die Komödie schafft Distanz, den Versuch der Athener, in Sizilien Fuß zu fassen, verwandelt sie in das Unternehmen der Vögel, ihr Reich zu errichten, vor dem Götter und Menschen kapitulieren müssen. [...] Das Mittel nun, mit dem die Komödie Distanz schafft, ist der Einfall. Die Tragödie ist ohne Einfall. Darum gibt es auch wenige Tragödien, deren Stoff erfunden ist. Ich will damit nicht sagen, die Tragödienschreiber der Antike hätten keine Einfälle gehabt, wie dies heute etwa vorkommt, doch ihre unerhörte Kunst bestand darin, keine nötig zu haben. Das ist ein Unterschied. Aristophanes dagegen lebt vom Einfall. Seine Stoffe sind nicht Mythen, sondern erfundene Handlungen, die sich nicht in der Vergangenheit, sondern in der Gegenwart abspielen. Sie fallen in die Welt wie Geschosse, die, indem sie einen Trichter aufwerfen, die Gegenwart ins Komische, aber dadurch auch ins Sichtbare verwandeln. Das heißt nun nicht, daß ein heutiges Drama nur komisch sein könne. Die Tragödie und die Komödie sind Formbegriffe, dramaturgische Verhal-

tensweisen, fingierte Figuren der Ästhetik, die Gleiches zu umschreiben vermögen. Nur die Bedingungen sind anders, unter denen sie entstehen, und diese Bedingungen liegen nur zum kleineren Teil in der Kunst.

Die Tragödie setzt Schuld, Not, Maß, Übersicht, Verantwortung voraus. In der Wurstelei unseres Jahrhunderts, in diesem Kehraus der weißen Rasse, gibt es keine Schuldigen und auch keine Verantwortlichen mehr. Alle können nichts dafür und haben es nicht gewollt. Es geht wirklich ohne jeden. Alles wird mitgerissen und bleibt in irgendeinem Rechen hängen. Wir sind zu kollektiv schuldig, zu kollektiv gebettet in die Sünden unserer Väter und Vorväter. Wir sind nur noch Kindeskinder. Das ist unser Pech, nicht unsere Schuld: Schuld gibt es nur noch als persönliche Leistung, als religiöse Tat. Uns kommt nur noch die Komödie bei. Unsere Welt hat ebenso zur Groteske geführt wie zur Atombombe, wie ja die apokalyptischen Bilder des Hieronymus Bosch auch grotesk sind. Doch das Groteske ist nur ein sinnlicher Ausdruck, ein sinnliches Paradox, die Gestalt nämlich einer Ungestalt, das Gesicht einer gesichtslosen Welt, und genau so wie unser Denken ohne den Begriff des Paradoxen nicht mehr auszukommen scheint, so auch die Kunst, unsere Welt, die nur noch ist, weil die Atombombe existiert: aus Furcht vor ihr.

Doch ist das Tragische immer noch möglich, auch wenn die reine Tragödie nicht mehr möglich ist. Wir können das Tragische aus der Komödie heraus erzielen, hervorbringen als einen schrecklichen Moment, als einen sich öffnenden Abgrund, so sind ja schon viele Tragödien Shakespeares Komödien, aus denen heraus das Tragische aufsteigt.

Nun liegt der Schluß nahe, die Komödie sei der Ausdruck der Verzweiflung, doch ist dieser Schluß nicht zwingend. Gewiß, wer das Sinnlose, das Hoffnungslose dieser Welt sieht, kann verzweifeln, doch ist diese Verzweiflung nicht eine Folge dieser Welt, sondern eine Antwort, die er auf diese Welt gibt, und eine andere Antwort wäre sein Nichtverzweifeln, sein Entschluß etwa, die Welt zu bestehen, in der wir oft leben wie Gulliver unter den Riesen. Auch der nimmt Distanz, auch der tritt einen Schritt zurück, der seinen Gegner einschätzen will, der sich bereit macht, mit ihm

zu kämpfen oder ihm zu entgehen. Es ist immer noch möglich, den mutigen Menschen zu zeigen.
Dies ist denn auch eines meiner Hauptanliegen. [...] Die Welt (die Bühne somit, die diese Welt bedeutet) steht für mich als ein Ungeheures da, als ein Rätsel an Unheil, das hingenommen werden muß, vor dem es jedoch kein Kapitulieren geben darf. Die Welt ist größer denn der Mensch, zwangsläufig nimmt sie so bedrohliche Züge an, die von einem Punkt außerhalb nicht bedrohlich wären, doch habe ich kein Recht und keine Fähigkeit, mich außerhalb zu stellen. Trost in der Dichtung ist oft nur allzubillig, ehrlicher ist es wohl, den menschlichen Blickwinkel beizubehalten. [...]
Endlich: Durch den Einfall, durch die Komödie wird das anonyme Publikum als Publikum erst möglich, eine Wirklichkeit, mit der zu rechnen, die aber auch zu berechnen ist. Der Einfall verwandelt die Menge der Theaterbesucher besonders leicht in eine Masse, die nun angegriffen, verführt, überlistet werden kann, sich Dinge anzuhören, die sie sich sonst nicht so leicht anhören würde. Die Komödie ist eine Mausefalle, in die das Publikum immer wieder gerät und immer noch geraten wird. Die Tragödie dagegen setzt eine Gemeinschaft voraus, die heute nicht immer ohne Peinlichkeit als vorhanden fingiert werden kann: [...].«

(Dürrenmatt: Theaterprobleme. In: F. D., Theater-Schriften und Reden. Hrsg. von Elisabeth Brock-Sulzer. Zürich 1966. S. 117–124. © 1955 und 1966 by Verlags AG »Die Arche«, Peter Schifferli, Zürich)

»Einleitung. Modell Scott:

Shakespeare hätte das Schicksal des unglücklichen Robert Falcon Scott doch wohl in der Weise dramatisiert, daß der tragische Untergang des großen Forschers durchaus dessem Charakter entsprungen wäre, Ehrgeiz hätte Scott blind gegen die Gefahren der unwirtlichen Regionen gemacht, in die er sich wagte, Eifersucht und Verrat unter den anderen Expeditionsteilnehmern hätte das Übrige hinzugetan, die Katastrophe in Eis und Nacht herbeizuführen; bei Brecht wäre die Expedition aus wirtschaftlichen Gründen und Klassen-

denken gescheitert, die englische Erziehung hätte Scott gehindert, sich Polarhunden anzuvertrauen, er hätte zwangsläufig standesgemäße Ponnys gewählt, der höhere Preis wiederum dieser Tiere hätte ihn genötigt, an der Ausrüstung zu sparen; bei Beckett wäre der Vorgang auf das Ende reduziert, Endspiel, letzte Konfrontation, schon in einen Eisblock verwandelt säße Scott anderen Eisblöcken gegenüber, vor sich hinredend, ohne Antwort von seinen Kameraden zu erhalten, ohne Gewißheit, von ihnen noch gehört zu werden: Doch wäre auch eine Dramatik denkbar, die Scott beim Einkaufen der für die Expedition benötigten Lebensmittel aus Versehen in einen Kühlraum einschlösse und in ihm erfrieren ließe. Scott, gefangen in den endlosen Gletschern der Antarktis, entfernt durch unüberwindliche Distanzen von jeder Hilfe, Scott, wie gestrandet auf einem anderen Planeten, stirbt tragisch, Scott, eingeschlossen in den Kühlraum durch ein läppisches Mißgeschick, mitten in einer Großstadt, nur wenige Meter von einer belebten Straße entfernt, zuerst beinahe höflich an die Kühlraumtüre klopfend, rufend, wartend, sich eine Zigarette anzündend, es kann ja nur wenige Minuten dauern, dann an die Türe polternd, darauf schreiend und hämmernd, immer wieder, während sich die Kälte eisiger um ihn legt, Scott, herumgehend, um sich Wärme zu verschaffen, hüpfend, stampfend, turnend, radschlagend, endlich verzweifelt Tiefgefrorenes gegen die Türe schmetternd, Scott, wieder innehaltend, im Kreise herumzirkelnd auf kleinstem Raum, schlotternd, zähneklappernd, zornig und ohnmächtig, dieser Scott nimmt ein noch schrecklicheres Ende und dennoch ist Robert Falcon Scott im Kühlraum erfrierend ein anderer als Robert Falcon Scott erfrierend in der Antarktis, wir spüren es, dialektisch gesehen ein anderer, aus einer tragischen Gestalt ist eine komische Gestalt geworden, komisch nicht wie einer, der stottert, oder wie einer, der vom Geiz oder von der Eifersucht überwältigt worden ist, eine Gestalt komisch allein durch ihr Geschick: Die schlimmst mögliche Wendung, die eine Geschichte nehmen kann, ist die Wendung in die Komödie.
[...]
Ein positiver tragischer Held ist nicht schuldlos an seinem

V. Dürrenmatt zur Poetik der Komödie

Untergang – der allgemeinen Gerechtigkeit zuliebe –, doch überwiegen die Tugenden, müssen überwiegen, will er Mitleid erwecken, soll um sein Schicksal gezittert werden. Ohne dieses Mitleid (des Zuschauers) und ohne diese Furcht (auch des Zuschauers) kommt keine Tragödie aus. Der Zuschauer leidet und fürchtet nur dort mit, wo er sich identifizieren, wo er mitfühlen kann. Ohne Identifikation des Zuschauers mit dem tragischen Helden keine Erschütterung.
[...] so furchterregend ein Bühnenbösewicht auch sein mag, so ist er doch beim Publikum zu populär, so freut man sich doch allzusehr auf sein Erscheinen, so wird er doch von den Schauspielern allzu gern dargestellt, als daß seine Wirkung eine rein negative wäre. Brecht, auf der Suche nach einem nicht-aristotelischen Theater in der Absicht, den Zuschauer statt zum Mitfühlen, zum Erkennen zu verleiten, auf der Suche nach einer Bühne, auf welcher nicht das ›Wie‹, sondern das ›Warum‹ einer untergeht, das Wichtige sein soll, Brecht schuf immer wieder negative Helden, ihren Fall zu demonstrieren, doch nehmen wir meistens ihre Fehler gern in Kauf, sie erhöhen nur unsere Sympathie (Mutter Courage, Galileo), Held bleibt Held. Der Zuschauer identifiziert sich mit jedem, geht mit Freuden mit jedem der Helden und führe er mit Mephistopheles in die Hölle. Wer möchte nicht gern einmal Nero, wer nicht einmal gar der Teufel sein.
[...]
Das Dilemma der Tragödie: Nur das Wirkliche berührt uns tragisch. Ein wirklicher Todesfall usw. Wir brauchen die Illusion, auf dem Theater werde ›wirklich‹ gestorben, wollen wir uns durch einen Theatertod erschüttern lassen. Die Tragödie braucht die Illusion des Zuschauers, sein Mitspielen, für die Tragödie gilt: Theater = Wirklichkeit. Die Tragödie muß die Fiktion ablehnen, ohne die sie nicht möglich ist, denn jedes Theater ist eine Fiktion. Das Verhältnis der Tragödie zur Wirklichkeit ist naiv. Ihre Wirkung hängt von der Illusionskraft der Bühne ab, erreichte im Naturalismus letzte Höhepunkte, seitdem ist die Tragödie – da wir der Bühne ihre Illusionen nicht mehr so recht glauben – fast nur noch in Filmen heimisch. Die Tragödie neigt dazu, sich als abgebildete ›Wirklichkeit‹ auszugeben, das Tragische der

›Wirklichkeit‹ zu entlehnen, sie will zeigen, was war (oder was ist) [...] Eigentümlichkeit der Tragödie: Die Handlung wird irrelevant. Der Untergang des Helden findet nur statt, um seine moralischen Qualitäten aufleuchten zu lassen, die Intrigen und Irrtümer, die seinen Fall verursachen, sind unwichtig. Die Sprache wird irrelevant, die Handlung ist die Wäscheleine, an der die Sprache im tragischen Winde knattert. Dramaturgie: Seit Aristoteles die Tragödie moralisch rechtfertigte (Katharsis, Reinwaschung des Zuschauers durch Furcht und Mitleid), wird mit den Kategorien des Identifikationstheaters das dramaturgische Handwerk an sich gemessen. Was nicht rührt, mit was man sich nicht identifizieren kann (und will), wird als unverbindliches Theater abgetan.

Der Verfremdungseffekt:

Aus Opposition gegen die Tragödie änderte Brecht den Bühnenstil. Sein Verfremdungseffekt reißt den Zuschauer immer wieder vom Spiel los und stellt ihn dem Spiel gegenüber. Der Verfremdungseffekt ist eine Notbremse, welche die Handlung zum Stehen bringt und Überlegungen möglich macht. Brechts Theater ist ein Drama zwischen der erstrebten Nicht-Identifikation des Publikums mit dem Stück und dem dem Zuschauer innewohnenden Trieb, sich immer wieder zu identifizieren. Es ist das Drama jedes modernen Theaters. Der Zuschauer identifiziert sich unwillkürlich mit dem Geschehen auf der Bühne, während des Spiels nimmt er unwillkürlich an, das Geschehen sei ›wirklich‹, aus dem simplen Grunde, weil er mitspielt.

Das Theater der Nicht-Identifikation:

Die Komödie. Beispiel Clown. Wir lachen über den Clown, weil er uns als ein so unbeholfener Mensch gegenübertritt, daß sich ihm jeder überlegen fühlt. Wir identifizieren uns nicht mit dem Clown, wir objektivieren ihn. Richten wir bei der Identifikation in unserem Ich den Helden als ein Objekt auf, integrieren wir den Helden in unser Ich, stoßen wir den ›Clown in uns‹ aus unserem Ich und treten ihm gegenüber. Der Clown ist der ›Einzelne‹, und nicht nur der Clown, jede komische Figur, was sie vereinzelt, ist das Ko-

V. Dürrenmatt zur Poetik der Komödie

mische (der tragische Held ist nicht ›vereinzelt‹, er ist mit den Menschen durch deren Mitleid verbunden. Der Dramatiker des ›Einzelnen‹: Beckett. Bei mir die Gestalt, die dem ›Einzelnen‹ am meisten entspricht: Schwitter). Ferner: Es ist uns gleichgültig, ob das Komische erfunden oder ›wirklich‹ sei, wir müssen gleichwohl lachen. Die Illusion ändert am Komischen nichts, gerade darum ist die komische Fiktion legitim. Das Komische tritt nur ein, wo wir objektivieren, das heißt, wo wir eine Gestalt oder eine Handlung als Ganzes überblicken, was nur möglich ist, wo wir Distanz bewahren: Darum ist es gleichgültig, ob das als Komisch erkannte ›wirklich‹ ist oder fingiert. Das Komische muß uns nicht ›nahe gehen‹ wie das Tragische, um auf uns zu wirken, das Komische wirkt auf uns, weil wir von ihm Abstand nehmen, unser Gelächter ist die Kraft, die den komischen Gegenstand von uns wegtreibt.

Die drei Arten der Komödie:

Das Komische kann in der Gestalt und in der Handlung liegen, in der Gestalt allein und in der Handlung allein. Beim Clown liegt das Komische allein in der Gestalt, er sieht komisch aus und ist läppisch, er tut alltägliche Dinge, aber macht sie verkehrt. Bei der sogenannten Gesellschaftskomödie (von der attischen neuen Komödie bis zum heutigen Boulevard-Theater ein einziger komödien-taktischer Trend) ist die Gestalt komisch – der Geizige, der Neureiche usw. – und die Handlung, die Situationen. Wird die Komödie zum Welttheater, braucht nur noch die Handlung ›komisch‹ zu sein, die Gestalten sind im Gegensatz zu ihr oft nicht nur ›nichtkomisch‹, sondern tragisch.

Dramaturgie der Komödie als Welttheater:

Liegt der Sinn einer tragischen Handlung darin, die Größe des Helden aufzuzeigen, wird die Handlung dadurch irrelevant, so wird eine Handlung dann komisch, wenn sie auffällt, wenn sie wichtig wird, wenn die Gestalten durch die Handlung ihren Sinn erhalten, nur durch sie interpretiert werden können. Die komische Handlung ist die paradoxe Handlung, eine Handlung wird dann paradox, ›wenn sie zu Ende gedacht wird‹. Die Komödie der Handlung und die

Tragödie überschneiden sich, insofern als es auch Tragödien der Handlung gibt: Oedipus rex. Auch in den Peripetien der Tragödien: ›In den Peripetien erreichen die Dichter, was sie erstreben, auf eine erstaunliche Weise. Denn dies ist gleichzeitig tragisch und menschlich. Das wird dann bewirkt, wenn etwa der Kluge, der schlecht ist, betrogen wird wie Sisyphos, oder wenn der Tapfere, der aber ungerecht ist, überwältigt wird. Denn dies entspricht der Wahrscheinlichkeit, wie Agathon sagt: denn es ist wahrscheinlich, daß vieles gerade gegen die Wahrscheinlichkeit geschieht‹ (Aristoteles). Der Sinn der paradoxen Handlung ›mit der schlimmst möglichen Wendung‹: Er liegt nicht darin Schrecken auf Schrecken zu häufen, sondern darin, dem Zuschauer das Geschehen bewußt zu machen, ihn vor das Geschehen zu stellen. Der Verfremdungseffekt liegt nicht in der Regie, sondern im Stoff selbst. Die Komödie der Handlung ist das verfremdete Theater an sich (und braucht gerade deshalb nicht verfremdet gespielt zu werden, es kann es sich leisten, darauf zu verzichten). Erreicht wird erstens: Dadurch, daß eine Handlung paradox wird, ist ihr Verhältnis zur ›Wirklichkeit‹ irrelevant, ob wirklich oder fiktiv, die Handlung wirkt paradox, das Verhältnis zur Wirklichkeit ist bereinigt, weil es im alten Sinne keine Rolle mehr spielt. Die Frage nach der ›Wirklichkeit‹ stellt sich anders. Eine paradoxe Handlung ist ein Sonderfall, die Frage lautet, inwiefern sich in diesem Sonderfall die andern Fälle (der Wirklichkeit) spiegeln. Die Tragödie als eine naive, die Komödie der Handlung als eine bewußte Theaterform. Zweitens: Die Identifikation, zu welcher der Zuschauer neigt, ist erschwert, weil der Zuschauer durch die paradoxe Handlung gezwungen wird, zu objektivieren, wird jedoch als Wagnis möglich. Der Zuschauer kann sich die Frage stellen, inwiefern der Fall auf der Bühne auch sein Fall sei und sich so die Gestalten auf der Bühne wieder aneignen. Die Möglichkeit zu diesem Wagnis ist vorhanden, doch braucht sie vom Zuschauer nicht ergriffen zu werden, er wird dann eine Komödie der Handlung als eine reine Groteske erleben oder als eine übersteigerte Tragödie. Die Komödie der Handlung ist die Theaterform, die Brecht von unserem Zeitalter der Wissenschaft fordert unter der Berücksichtigung der Tatsache, daß

V. Dürrenmatt zur Poetik der Komödie

der Zuschauer zu Nichts gezwungen werden kann. Das Theater ist nur insofern eine moralische Anstalt, als es vom Zuschauer zu einer gemacht wird. Darin, daß viele der heutigen Zuschauer in meinen Stücken nichts als Nihilismus sehen, spiegelt sich nur ihr eigener Nihilismus wieder. Sie haben keine andere Deutungsmöglichkeit.

[...]

Die Dramatik – wie die übrige Kunst – hat einen bestimmten Weg eingeschlagen: Den Weg in die Fiktion. Ein Theaterstück stellt eine Eigenwelt dar, eine in sich geschlossene Fiktion, deren Sinn nur im Ganzen liegt. Die Aussagen des Dramatikers sind nicht Sätze, nicht Moralien oder Tiefsinn, der Dramatiker sagt Stücke aus, sagt etwas aus, was nicht anders gesagt werden kann als durch ein Stück. Die Sätze, welche die Personen des Stücks aussprechen, sind verständlich allein durch das Stück, verständlich nur durch die Situation, in der sie sich befinden. Sie sind weder Wahrheiten ›an sich‹ noch Provokationen, sondern der Ausdruck der dramaturgischen Ironie, die das Stück fingiert und lenkt. Das Theater als Fiktion kann nichts anderes sein als Theater, ein Gleichnis, immer wieder neu zu erdenken, für die Tendenzen der Wirklichkeit. Das Theater als Eigenwelt enthält als seine Themen erdichtete Menschen, es entwickelt sich kontrapunktisch. Zu einem Thema tritt ein Gegenthema usw. (Zu Don Quichote tritt Sancho Pansa.)«

(Dürrenmatt: Dramaturgische Überlegungen zu den Wiedertäufern. In: F. D., Komödien III. Zürich 1970. S. 175–182. © 1967 by Verlags AG »Die Arche«, Peter Schifferli, Zürich)

VI. Zum Grotesken und Paradoxen in den Komödien Dürrenmatts

Friedrich Dürrenmatt:

»Es ist wichtig, einzusehen, daß es zwei Arten des Grotesken gibt: Groteskes einer Romantik zuliebe, das Furcht oder absonderliche Gefühle erwecken will (etwa indem es ein Gespenst erscheinen läßt), und Groteskes eben der Distanz zuliebe, die *nur* durch dieses Mittel zu schaffen ist. Es ist nicht zufällig, daß Aristophanes, Rabelais und Swift kraft des Grotesken ihre Handlungen *in* ihrer Zeit abspielen ließen, Zeitstücke schrieben, *ihre* Zeit meinten. Das Groteske ist eine äußerste Stilisierung, ein plötzliches Bildhaftmachen und gerade darum fähig, Zeitfragen, mehr noch, die Gegenwart aufzunehmen, ohne Tendenz oder Reportage zu sein. Ich könnte mir daher wohl eine schauerliche Groteske des zweiten Weltkrieges denken, aber *noch* nicht eine Tragödie, da wir noch nicht die Distanz dazu haben können. Darum denn Don Quichotte und Sancho Pansa, aber auch die Vögel des Aristophanes. Diese Kunst will nicht mitleiden wie die Tragödie, sie will darstellen. So sind die grotesken Reisen des Gulliver gleich einer Retorte, in der durch vier verschiedene Experimente die Schwächen und die Grenzen des Menschen aufgezeigt werden. Das Groteske ist eine der großen Möglichkeiten, genau zu sein. Es kann nicht geleugnet werden, daß diese Kunst die Grausamkeit der Objektivität besitzt, doch ist sie nicht die Kunst der Nihilisten, sondern weit eher der Moralisten, nicht die des Moders, sondern des Salzes. Sie ist eine Angelegenheit des Witzes und des scharfen Verstandes (darum verstand sich die Aufklärung darauf), nicht dessen, was das Publikum unter Humor versteht, einer bald sentimentalen, bald frivolen Gemütlichkeit. Sie ist unbequem, aber nötig ...«

(Dürrenmatt: Anmerkungen zur Komödie. In: F. D., Theater-Schriften und Reden. Hrsg. von Elisabeth Brock-Sulzer. Zürich 1966. S. 136 f.
© 1966 by Verlags AG »Die Arche«, Peter Schifferli, Zürich)

VI. Zum Grotesken und Paradoxen

Wolfgang Kayser:

»Das Groteske ist eine Struktur. Wir könnten ihr Wesen mit einer Wendung bezeichnen, die sich uns oft genug aufgedrängt hat: *das Groteske ist die entfremdete Welt*. Aber das verlangt noch einige Erläuterung. Man könnte die Welt des Märchens, wenn man von außen auf sie schaut, als fremd und fremdartig bezeichnen. Aber sie ist keine entfremdete Welt. Dazu gehört, daß, was uns vertraut und heimisch war, sich plötzlich als fremd und unheimlich enthüllt. Es ist unsere Welt, die sich verwandelt hat. Die Plötzlichkeit, die Überraschung gehört wesentlich zum Grotesken. In der Dichtung erscheint es in einer Szene oder einem bewegten Bild. [...] Das Grauen überfällt uns so stark, weil es eben unsere Welt ist, deren Verläßlichkeit sich als Schein erweist. Zugleich spüren wir, daß wir in dieser verwandelten Welt nicht zu leben vermöchten. Es geht beim Grotesken nicht um Todesfurcht, sondern um Lebensangst. Zur Struktur des Grotesken gehört, daß die Kategorien unserer Weltorientierung versagen. [...]

Wer aber bewirkt die Entfremdung der Welt, wer kündigt sich in der bedrohlichen Hintergründigkeit an? Wir erreichen erst jetzt die letzte Tiefe des Grauens vor der verwandelten Welt. Denn diese Fragen bleiben ohne Antwort. Dem ›Abgrund‹ entsteigen die Tiere der Apokalypse, Dämonen brechen in den Alltag. Sobald wir die Mächte benennen und ihnen eine Stelle in der kosmischen Ordnung anweisen könnten, verlöre das Groteske an seinem Wesen – [...] Was einbricht, bleibt unfaßbar, undeutbar, impersonal. Wir könnten eine neue Wendung gebrauchen: *das Groteske ist die Gestaltung des ›Es‹*, jenes ›spukhaften‹ Es, das Ammann als die dritte Bedeutung des Impersonale (neben der psychologischen – es freut mich – und der kosmischen – es regnet, es blitzt) bestimmt hat.

Die verfremdete Welt erlaubt uns keine Orientierung, sie erscheint als absurd. [...]

Im Grotesken geht es nicht um Taten, die als solche vereinzelt stehen, und geht es nicht um das Zerbrechen der moralischen Weltordnung (das kann ein Teilelement bilden): es geht primär um das Versagen schon der physischen Welt-

orientierung. Und schließlich: das Tragische bleibt nicht in der gänzlichen Unfaßbarkeit. Die Tragödie als Kunstform eröffnet nun gerade im Sinnlos-Absurden die Ahnung einer Sinnmöglichkeit – in dem aus dem Götterraum bereiteten Geschick und in der erst im Leiden offenbar werdenden Größe des tragischen Helden. Der Gestalter des Grotesken darf und kann keine Sinngebung versuchen. Er darf aber auch nicht vom Absurden ablenken.
[...]
Bei aller Ratlosigkeit und allem Grauen über die dunklen Mächte, die in und hinter unserer Welt lauern und sie uns entfremden können, wirkt die echte künstlerische Gestaltung zugleich als heimliche Befreiung. Das Dunkle ist gesichtet, das Unheimliche entdeckt, das Unfaßbare zur Rede gestellt. Und so ergibt sich eine letzte Deutung: *die Gestaltung des Grotesken ist der Versuch, das Dämonische in der Welt zu bannen und zu beschwören.*«

(Kayser: Das Groteske. Seine Gestaltung in Malerei und Dichtung. Oldenburg u. Hamburg ²1961. S. 198–202)

Reinhold G r i m m :

»Das Groteske als Grundstruktur prägt bei Dürrenmatt das gesamte Werk: Drama wie Erzählung, Hörspiel wie Roman. Es erscheint in der Metaphorik, der Motivik, Personendarstellung und Namengebung, im Aufbau der Szenenfolgen und in der Anordnung der Erzählkomplexe, es erscheint in der Stoffwahl und in der Gestaltung der Stoffe. Die Möglichkeiten sind bunt und vielfältig, beinah verwirrend. Da ist das Monströse und die maßlose Übertreibung. Da ist die Vermengung des ursprünglich und wesenhaft Getrennten: das Tierhafte wuchert ins Menschliche herein, Anorganisches belebt sich, das Gräßliche wird mit der Aura der Schönheit umgeben, und die Sprache klappert mechanisch als totes Geräusch. Da ist schließlich der plötzliche, unvermutete Aufeinanderprall der Gegensätze – als Umschlag und Überschlag von übermütigem Spiel in blutigen Ernst, von Gelächter in Entsetzen, von Titanismus in Idiotie.
[...]
So bricht in Dürrenmatts Gestaltungen zugleich mit der

VI. Zum Grotesken und Paradoxen

Dämonie des Grotesken immer auch eine urwüchsige, unbändige *Lust am Grotesken* durch – eine Lust, in der sich das Spielerische mit dem Vitalen vereint. Dieses urtümlich Groteske tut sich, wie wir uns erinnern, mit Vorliebe etwa in der Namengebung kund. Eine übermütige Freude am Wildwuchs der Sprache, ein Vergnügen am Wort und am Vexieren mit dem Wort waltet da. Bei den Figuren und Motiven ist es ähnlich.
[...]
In Wahrheit umfaßt das Groteske bei Dürrenmatt – und wir dürfen mit Fug und Recht vermuten: das Groteske überhaupt – *sowohl das Farcenhafte wie das Dämonische*, und in seinen besten Gestaltungen geht das eine ununterscheidbar ins andere über. Aus dem Grotesken erhebt sich das zynische, satanische Gelächter und die schrille Lache des Wahnsinns: [...] Aber es dröhnt auch jenes hemmungslose Lachen aus dem Vollgefühl des Lebens, das sich kugelt und wälzt, daraus hervor. Angst und Grauen vor dem Spuk der Welt mischen sich hier fortwährend mit dem unbändigen Drang, diese selbe Welt zu foppen, durcheinanderzuwirbeln und zum Narren zu halten. Böse, ärgerliche Geschichten, sagt Dürrenmatt, – aber auch der Übermut gehört dazu. Demnach liegt vielleicht das Eigentliche des Grotesken wirklich im lächerlich-grausen Ineinander des ursprünglich und wesenhaft Getrennten, und wir hätten uns mit einer weitgehend *formalen Bestimmung* zu bescheiden? Mag sein. Ob man sie jedoch dermaßen allgemein und ohne jeden inhaltlichen Bezug fassen kann, wie Heselhaus dies will, nämlich allein als ›die überraschende Zusammenfügung des Heterogenen‹, bleibt doch wohl fraglich.«

(Grimm: Parodie und Groteske im Werk Dürrenmatts. In: Theater unserer Zeit. Bd. 4: R. G. u. a. [Hrsg.], Der unbequeme Dürrenmatt. Basel: Basilius-Presse AG 1962. S. 92–95)

Werner O b e r l e :

»Das Groteske, das heißt das, was man immer wieder als unnötiges Beiwerk im Werk Dürrenmatts bezeichnet, ist ein wesentlicher Zug dieses Werkes. Dürrenmatt will groteske Dichtungen schaffen, er bekennt sich dazu auch in den

›21 Punkten zu den „Physikern"‹, und es ist nicht einzusehen, warum man diese Absicht nicht ernst nehmen soll.
Das Groteske ist das Unstimmige, Ungereimte, Unharmonische; zum Grotesken gehört das Paradoxe. Das Groteske ist das Gegenteil des wohlgeordneten Kosmos, das Groteske ist die Dissonanz, die den Verlust der Harmonie ausdrückt. Das Groteske ist nicht Abbild einer bis ins Letzte sinnvollen und gestalteten Welt; es verfällt anderseits nicht in die pathetische Verherrlichung des Absurden.
In Dürrenmatts grotesker Dichtung erscheint die Welt des Menschen klein gegenüber der Welt Gottes, und grotesk erscheint vor dem absoluten Hintergrund der Mensch, der Absolutes zu setzen versucht [...]. In dieser Hinsicht ist das Groteske bei Dürrenmatt Ausdruck einer religiösen Auffassung.
Aber schon in den Frühwerken Dürrenmatts gibt es noch etwas anderes, was das Leben des Menschen und all sein Tun in ein groteskes Licht rückt: den Tod. Der Tod entlarvt die Hinfälligkeit des scheinbar Dauerhaften, die Begrenztheit des scheinbar Absoluten; er ist immer wieder das Unerwartete, das alle Erwartungen mit einem Schlag lächerlich macht. Wer den Tod einfach übersieht oder wer keine Beziehung mehr hat zum Leben dieser Welt, wird das Groteske des Todes nicht sehen; man wird anderseits gerade am echt Grotesken ablesen, daß der Schöpfer des Grotesken beides, Leben und Tod, kennt und sieht.«

(Oberle: Grundsätzliches zum Werk Friedrich Dürrenmatts. In: Theater unserer Zeit. Bd. 4: Reinhold Grimm u. a. [Hrsg.], Der unbequeme Dürrenmatt. Basel: Basilius-Presse AG 1962. S. 15)

Arnold Heidsieck:

»›Grotesk‹ ist zunächst nicht ein Begriff der Ästhetik, sondern des Erkennens, der über eine bestimmte Beschaffenheit von Wirklichkeit aussagt. Und zwar bezeichnet er spezifisch deren Entstellung – von einer Art, die den Betrachter entsetzt und zugleich lachen macht, die grauenvoll und lächerlich in eins ist. Gemeint ist nicht die Entstellung von bloßen Naturverhältnissen. Entstellte Natur kann bizarr sein, auch wohl grauenvoll (eine wüste Landschaft etwa) oder lächer-

VI. Zum Grotesken und Paradoxen

lich (ein seltsames Tier), aber nicht dies beides zugleich und eines durch das andere. Ja selbst die durch Geburt oder Krankheit entstellte Gestalt des Menschen gilt uns Heutigen nicht mehr als eigentlich grotesk.
[...]
Nicht eine Laune der Natur gilt uns grotesk, sondern solche Entstellung, die das Schreckliche und Lächerliche auf die Spitze, zum unerträglichen Widerspruch treibt: die produzierte Entstellung des Menschen, die von Menschen verübte Unmenschlichkeit.
[...]
Die groteske Struktur [...] ist also ein doppelter Widerspruch: in Hinsicht auf das Ethische, in Hinsicht auf das Logische. Der logische Widerspruch – daß ein Mensch zur Sache wird – ist das Lächerliche.
[...]
Das Lachen, das sich aus der logischen Struktur des Grotesken ergibt, befreit nicht, es bleibt ›im Halse stecken‹, da es sich der restlosen Perversion menschlicher Freiheit gegenüber sieht.
Daß solche radikale Unfreiheit, solch tiefgreifende Entfremdung des Menschen nicht bloß eine faktische durch Geburt oder Krankheit, sondern eine sichtbar produzierte ist, spitzt das Verhältnis zu, steigert seine Momente des Grauenvollen und Lächerlichen. Das Künstliche, Technische der Entstellung des Menschen zum Produkt läßt erkennen: der Mensch entstellt sich selbst. Das ist der offensichtliche und unerträgliche Widerspruch.
Das Groteske als Kategorie der Wirklichkeit oder – im Hinblick auf das Ästhetische – als Kategorie des Inhalts bezeichnet die zugelassene oder ins Werk gesetzte Verunstaltung des Menschen, d. h. jeden Fall der gesellschaftlichen Verhältnisse, der ein ethischer und zugleich anschaulich logischer Widerspruch ist: der Mensch als ein bloßes Mittel für Menschen. ›Grotesk‹ ist die Perversion der Vernunft, die in diesem einzelnen schreienden Mißverhältnis der Realität, in jenem einzelnen unmenschlichen Akt zutage tritt. Unmittelbar und kraß zeigt sich solche Perversion der Vernunft, die eben nur die abstrakte Struktur des Grotesken ist, in der ganz sichtbaren körperlichen Entstellung des Menschen.«

»Das Groteske der Form verzerrt seine Gestalt, um die verborgene seelische Entstellung zu zeigen und sie darüber hinaus in grotesker Übertreibung der Lächerlichkeit preiszugeben. Die Wahrheit des Henkers, auch die ästhetische, soll die Wahrheit seiner Opfer sein: totale Entstellung. Das, was aller Vernunft spottet, obwohl es durch ›Vernunft‹, etwa der einer Rassenideologie, hervorgebracht und gerechtfertigt wird, erscheint durch die Darstellung als von barer, pathologischer Unvernunft produziert, als schrecklich und – lächerlich. Der mörderische Tyrann soll nicht mehr mythische ›bête humaine‹, übermenschliches Genie des Schreckens scheinen, sondern blutrünstiger und lächerlicher Spießbürger: [...]
Alles Groteske der letztbeschriebenen Art verfolgt in seiner bloßstellenden Stilisierung der dramatischen Protagonisten ins übermäßig Lächerliche – damit häufig genug die Ernsthaftigkeit des dargestellten Schrecklichen aufs Spiel setzend – eine satirische Intention und geht doch, indem es den skrupellosen politischen Verbrecher denunziert, über bloße Satire hinaus. Zwar hat gerade auch die Satire – das definiert ihren Begriff – das Mangelhafte und Falsche der gesellschaftlichen Wirklichkeit zu ihrem Gegenstand, jedoch nicht deren letzte, ›tödliche‹ Verkehrtheit, die schlimmste Wendung der Dinge. Wird durch Satire ›die Wirklichkeit als Mangel dem Ideal als der höchsten Realität gegenübergestellt‹ (Schiller), so stellt groteske Form die Wirklichkeit nicht mehr als mangelhaft, sondern als restlos pervertiert vor, und so doch diese Perversion als das Normale, als die innere Zweckmäßigkeit der schlechthin grotesk stilisierten Realität.«

(Heidsieck: Das Groteske und das Absurde im modernen Drama. Stuttgart: Kohlhammer 1969. S. 17 f. und S. 24)

VII. Zur Geschichte und Bedeutung des Chores im Drama

Das griechische Wort Chorós bedeutete ursprünglich Tanzplatz, später war damit der Tanzgesang selbst bezeichnet. Der Chortanz war anfangs Gottesdienst, ein Reigen oder Schreiten in langsamen, feierlichen Rhythmen zu Ehren der Gottheit. Die Chortexte wurden meist aus der Sage entlehnt und zu den Kitharaklängen eines Sängers vorgetragen.
Die Tragödie des klassischen Griechenland hat sich aus dem Chortanz entwickelt. Der anfangs einheitliche Chor wurde später in zwei Teile gegliedert, die rezitierend gegeneinander agierten. Der attische Tragödiendichter Thespis (um 534 v. Chr.) stellte ihnen einen Schauspieler gegenüber, der den Prolog sprach und auf Fragen des Chorführers antwortete. Aischylos erhöhte die Zahl der Schauspieler auf zwei, Sophokles auf drei. (Einer der drei Schauspieler mußte oft die Rollen mehrerer Personen übernehmen.) Die Choreuten (= Chortänzer) traten meist unter der Maske der Männer und Frauen der Stadt auf, in der die Handlung des Dramas spielte.
Zu Beginn des Stückes zog der Chor die Párodos rezitierend in die Orchéstra (= halbrunder Tanzplatz vor der Bühne) ein, wo er dann in Halbchöre gegliedert die Stásima (= Standlieder) vortrug. Der Chor verließ am Ende der Tragödie den Schauplatz mit der Rezitation der Éxodos (= Auszugslied).
In die Handlung griff er nie direkt ein, er verfolgte sie jedoch mit Anteilnahme, äußerte Ansichten, Hoffnungen und Befürchtungen und war z. T. Sprachrohr des Dichters. Wurde im Dialog der Schauspieler die Handlung in ihrer Entwicklung vorangetrieben, so operierten die Chöre als die ›Vielwissenden‹ von einer den Horizont des augenblicklichen Spielstandes überragenden Ebene der Reflexion aus kommentierend und zugleich retardierend.
Der Chor der griechischen Komödie umfaßte 24 Choreuten und spielte ungefähr dieselbe Rolle wie in der Tragödie.

Charakteristisch für die ältere Komödie war die Parabáse (= das Danebentreten) des Chores nach der 1. Episode. Er wandte sich in diesem Teil mit abgelegten Masken direkt an das Publikum und erklärte im Namen des Dichters die Intention des Stückes.
In der Fortentwicklung der Tragödie trat schon am Ende des Altertums der Chor immer mehr in den Hintergrund der Bühnenhandlung. In den europäischen Tragödien des 16. und 17. Jahrhunderts gibt es verschiedentlich Chorpartien, die unter der Berufung auf das antike Vorbild jedoch eine nur entfernte Ähnlichkeit mit diesem haben.

Friedrich S c h i l l e r umriß die Funktion des antiken Chores noch einmal und suchte ihn für die Tragödiendichtung seiner Zeit fruchtbar zu machen. In der Vorrede »Über den Gebrauch des Chors in der Tragödie« zu Schillers »Die Braut von Messina« heißt es:

»Die alte Tragödie, welche sich ursprünglich nur mit Göttern, Helden und Königen abgab, brauchte den Chor als eine notwendige Begleitung; sie fand ihn in der Natur und brauchte ihn, weil sie ihn fand. Die Handlungen und Schicksale der Helden und Könige sind schon an sich selbst öffentlich und waren es in der einfachen Urzeit noch mehr. Der Chor war folglich in der alten Tragödie mehr ein natürliches Organ, er folgte schon aus der poetischen Gestalt des wirklichen Lebens. [...]
Der Chor leistet [...] dem neuen Tragiker noch weit wesentlichere Dienste als dem alten Dichter, ebendeswegen, weil er die moderne gemeine Welt in die alte poetische verwandelt, weil er ihm alles das unbrauchbar macht, was der Poesie widerstrebt, und ihn auf die einfachsten, ursprünglichsten und naivsten Motive hinauftreibt. Der Palast der Könige ist jetzt geschlossen, die Gerichte haben sich von den Toren der Städte in das Innere der Häuser zurückgezogen, die Schrift hat das lebendige Wort verdrängt, das Volk selbst, die sinnlich lebendige Masse, ist, wo sie nicht als rohe Gewalt wirkt, zum Staat, folglich zu einem abgezogenen Begriff geworden, die Götter sind in die Brust des Menschen zurückgekehrt. Der Dichter muß die Paläste wieder auftun, er muß die Gerichte unter freien Himmel her-

VII. Geschichte und Bedeutung des Chores im Drama

ausführen, er muß die Götter wieder aufstellen, er muß alles Unmittelbare, das durch die künstliche Einrichtung des wirklichen Lebens aufgehoben ist, wieder herstellen und alles künstliche Machwerk *an* dem Menschen und *um* denselben, das die Erscheinung seiner innern Natur und seines ursprünglichen Charakters hindert, wie der Bildhauer die modernen Gewänder, abwerfen und von allen äußern Umgebungen desselben nichts aufnehmen, als was die höchste der Formen, die menschliche, sichtbar macht.
[...] Der Chor ist selbst kein Individuum, sondern ein allgemeiner Begriff; aber dieser Begriff repräsentiert sich durch eine sinnlich mächtige Masse, welche durch ihre ausfüllende Gegenwart den Sinnen imponiert. Der Chor verläßt den engen Kreis der Handlung, um sich über Vergangenes und Künftiges, über ferne Zeiten und Völker, über das Menschliche überhaupt zu verbreiten, um die großen Resultate des Lebens zu ziehen und die Lehren der Weisheit auszusprechen. [...]
Der Chor *reinigt* also das tragische Gedicht, indem er die Reflexion von der Handlung absondert und eben durch diese Absonderung sie selbst mit poetischer Kraft ausrüstet; [...]
So wie der Chor in die Sprache *Leben* bringt, so bringt er *Ruhe* in die Handlung – aber die schöne und hohe Ruhe, die der Charakter eines edeln Kunstwerkes sein muß.«

(Reclams Universal-Bibliothek Nr. 60. Stuttgart 1969. S. 8–11)

Der Schlußchor in Dürrenmatts »Der Besuch der alten Dame« trägt, wie ein Vergleich zeigt, deutlich Anklänge an Chorpartien in Sophokles' »Antigone«.

Dürrenmatt, »Der Besuch der alten Dame«:

Chor I: Ungeheuer ist viel
  Gewaltige Erdbeben
Feuerspeiende Berge, Fluten des Meeres
  Kriege auch, Panzer durch Kornfelder
    rasselnd
Der sonnenhafte Pilz der Atombombe.

Chor II: Doch nichts ungeheurer als die
  Armut
  Die nämlich kennt kein Abenteuer
Trostlos umfängt sie das Menschengeschlecht
Reiht
Öde Tage an öden Tag.
Die Frauen: Hilflos sehen die Mütter
  Liebes, Dahinsiechendes.
Die Männer: Der Mann aber
  Sinnt Empörung
Denkt Verrat.
Der erste: In schlechten Schuhen geht er dahin.
Der dritte: Stinkendes Kraut zwischen den Lippen.
Chor I: Denn die Arbeitsplätze, die brot-
  bringenden einst,
  Sind leer
Chor II: Und die sausenden Züge meiden den Ort.
Alle: Wohl uns.
Frau III: Denen ein freundlich Geschick
Alle: Dies alles wandte
Die Frauen: Ziemende Kleidung umschließt
  den zierlichen Leib nun
Der Sohn: Es steuert der Bursch den sportlichen
  Wagen
Die Männer: Die Limousine der Kaufmann
Die Tochter: Das Mädchen jagt nach dem Ball
  auf roter Fläche
Der Arzt: Im neuen, grüngekachelten Operationssaal
  operiert freudig der Arzt
Alle: Das Abendessen
  Dampft im Haus. Zufrieden
Wohlbeschuht
  Schmaucht ein jeglicher besseres Kraut.
Der Lehrer: Lernbegierig lernen die Lernbegierigen.
Der zweite: Schätze auf Schätze türmt der
  emsige Industrielle.
Alle: Rembrandt auf Rubens
Der Maler: Die Kunst ernährt den Künstler
  vollauf.

VII. Geschichte und Bedeutung des Chores im Drama

Der Pfarrer: Es berstet an Weihnachten, Ostern
 und Pfingsten
 Vom Andrang der Christen das Münster
Alle: Und die Züge,
 Die blitzenden hehren
Eilend auf eisernen Gleisen
 Von Nachbarstadt zu Nachbarstadt, völkerverbindend,
Halten wieder.

Von links kommt der Kondukteur.
Der Kondukteur: Güllen.
Der Bahnhofvorstand: D-Zug Güllen–Rom, ein-
 steigen
bitte! Salonwagen vorne!

Aus dem Hintergrund kommt Claire Zachanassian in ihrer Sänfte, unbeweglich, ein altes Götzenbild aus Stein, zwischen den beiden Chören hervor, von ihrem Gefolge begleitet.

Der Bürgermeister: Es ziehet
Alle: Die reich uns beschenkte
Die Tochter: Die Wohltäterin
Alle: Mit ihrem edlen Gefolge davon!

Claire Zachanassian verschwindet rechts außen, zuletzt tragen die Dienstmänner den Sarg auf einem langen Weg hinaus.

Der Bürgermeister: Sie lebe denn wohl.
Alle: Teures führt sie mit sich, ihr Anvertrautes.

Der Bahnhofvorstand: Abfahrt!

Alle: Es bewahre uns aber
Der Pfarrer: Ein Gott
Alle: In stampfender, rollender Zeit
Der Bürgermeister: Den Wohlstand
Alle: Bewahre die heiligen Güter uns, bewahre
 Frieden

> Bewahre die Freiheit
> Nacht bleibe fern
> Verdunkele nimmermehr unsere Stadt
> Die neuerstandene prächtige,
> Damit wir das Glückliche glücklich genießen.

(Dürrenmatt: Der Besuch der alten Dame. Eine tragische Komödie. Zürich 1956. S. 98 bis 100. © 1956 by Verlags AG »Die Arche«, Peter Schifferli, Zürich)

Sophokles, »Antigonä«, 2. Akt (Übersetzung von Hölderlin):

C h o r der Thebanischen Alten:
Ungeheuer ist viel. Doch nichts
Ungeheuerer, als der Mensch.
Denn der, über die Nacht
Des Meers, wenn gegen den Winter wehet
Der Südwind, fähret er aus
In geflügelten sausenden Häusern.
Und der Himmlischen erhabene Erde
Die unverderbliche, unermüdete
Reibet er auf; mit dem strebenden Pfluge,
Von Jahr zu Jahr,
Treibt sein Verkehr er, mit dem Rossegeschlecht',
Und leichtträumender Vögel Welt
Bestrickt er, und jagt sie;
Und wilder Tiere Zug,
Und des Pontos salzbelebte Natur
Mit gesponnenen Netzen,
Der kundige Mann.
Und fängt mit Künsten das Wild,
Das auf Bergen übernachtet und schweift.
Und dem rauhmähnigen Rosse wirft er um
Den Nacken das Joch, und dem Berge
Bewandelnden unbezähmten Stier.

Und die Red' und den luftigen
Gedanken und städtebeherrschenden Stolz
Hat erlernet er, und übelwohnender
Hügel feuchte Lüfte, und

VII. Geschichte und Bedeutung des Chores im Drama

Die unglücklichen zu fliehen, die Pfeile. Allbewandert,
Unbewandert. Zu nichts kommt er.
Der Toten künftigen Ort nur
Zu fliehen weiß er nicht,
Und die Flucht unbeholfener Seuchen
Zu überdenken.
Von Weisem etwas, und das Geschickte der Kunst
Mehr, als er hoffen kann, besitzend,
Kommt einmal er auf Schlimmes, das andre zu Gutem.
Die Gesetze kränkt er, der Erd' und Naturgewalt'ger
Beschwornes Gewissen;
Hochstädtisch kommt, unstädtisch
Zu nichts er, wo das Schöne
Mit ihm ist und mit Frechheit.
Nicht sei am Herde mit mir,
Noch gleichgesinnet,
Wer solches tut.

(Nach: Hölderlin, Sämtliche Werke. Hrsg. von Friedrich Beissner. 5. Bd. Stuttgart 1952. S. 219 f.)

Dürrenmatts Chor besitzt zwar formal Ähnlichkeiten mit dem Chor der klassischen Tragödie, unterscheidet sich von diesem jedoch im wesentlichen: Er ist Parodie mit satirischen Zügen.
1. Die Sprecher des griechischen Chores sind die Weisen, die Alten, die Hüter des Nómos (= des Gesetzes), worauf das Gefüge der Pólis beruht und der die Gemeinschaft der Políten (= Bürger der Pólis) garantiert.
Die Chorsprecher der Güllener sind »Menschen wie wir alle« (Dürrenmatt), fern von tragischem Heldentum, Unwissende hinsichtlich der ihnen entgegenstehenden Welt, Verunsicherte und Geblendete in einem Kosmos, den sie letztlich nicht mehr durchschauen können.
2. Inhalt des Sophokleischen Chores ist die Größe des Menschen, der die ihn umgebende Welt beherrscht, »der kundige« Mensch, der »den luftigen Gedanken« erlernt hat.
Die Thematik des Güllener Chores lautet gerade umgekehrt: Ungeheuer ist die Welt, die den Menschen in Naturkatastrophen, Krieg und Armut gefangenhält. »Der Mensch

sieht sich immer gewaltiger von Dingen umstellt, die er zwar handhabt, aber nicht mehr begreift« (Dürrenmatt: »Vom Sinn der Dichtung in unserer Zeit«. In: »Theater-Schriften«, S. 59). Sein Kosmos ist unüberschaubar geworden, »... ein Rätsel an Unheil, das hingenommen werden muß, vor dem es jedoch kein Kapitulieren geben darf. Die Welt ist größer denn der Mensch, zwangsläufig nimmt sie bedrohliche Züge an ...« (Dürrenmatt: »Theaterprobleme«. In: »Theater-Schriften«, S. 123).

3. Die Funktion des Sophokleischen Chores ist für den adäquaten Hörer eine sichere Orientierung. All das vom Nómos abweichende Bühnengeschehen um Kreon wird vom Chor objektiv verurteilt, Recht und Unrecht scheidet er mit sicherer Stimme.

Der Chor der Güllener erscheint in seiner Funktion ebenfalls als »Standortbestimmung«, jedoch »als gäbe ein havariertes Schiff, weit abgetrieben, die letzten Signale«.

Die inhaltliche Erwartung, die hier die klassische Chorform beim Hörer erweckt, wird nicht erfüllt. Denn dieser Gesang zeigt die durch den Opfertod Ills noch immer nicht gewitzten und moralisch nach wie vor »heruntergekommenen« Güllener, die eigentlich gar »kein Recht haben, in einen feierlichen Chor auszubrechen«. (Im Programmheft des Zürcher Schauspielhauses zur Uraufführung am 29. Januar 1956 vermerkt Dürrenmatt in »Randnotizen, alphabetisch geordnet« unter dem Stichwort ›Tragödie‹: »[antike] Form der dramatischen Kunst, die voraussetzt, daß die Gemeinschaft ein Recht habe, in einen feierlichen Chor auszubrechen. Die Gemeinschaft wird idealisiert«. Unter dem Stichwort »Komödie« schreibt er: »[moderne] Form der dramatischen Kunst, die voraussetzt, daß die Gemeinschaft kein Recht habe, in einen feierlichen Chor auszubrechen. Die Gemeinschaft wird kritisch betrachtet«.)

Die Diskrepanz zwischen Inhalt und Form, die Transposition eines »Gedankens aus seiner ursprünglichen Fassung in einen anderen Ton« (Henri Bergson: »Das Lachen«. Meisenheim am Glan 1948. S. 68 f.) erzeugt hier Raum für Komik, zugleich auch die Möglichkeit zu emotionsfernem, distanziertem Beobachten. Güllens Schlußchor mit dem Moment komischer »Interferenz« (Bergson) läßt den Betrachter reflektierend Abstand von der Nähe des Geschehens gewinnen wie einer, »der seinen Gegner einschätzen will, der sich bereit macht, mit ihm zu kämpfen oder ihm zu entgehen« (Dürrenmatt: »Theaterprobleme«. In: »Theaterschriften«, S. 123).

VIII. Texte zur Diskussion

Ulrich Profitlich:

»Dürrenmatt selbst nennt ihn [= Ill] ›einen Helden‹. Er ist es, wenn man sein Verhalten, kaum aber, wenn man die Wirkung seines Verhaltens auf die Mitwelt betrachtet. Freilich [...] gibt Ill den Widerstand gegen seinen Tod nicht im Gedanken an das Gedeihen seiner Vaterstadt auf; die Güllener sind nicht der Bezugspunkt seines Handelns. Wie der in mancherlei Hinsicht vergleichbare Andri aus Frischs ›Andorra‹, der, endlich zur Annahme seines Judentums gebracht, nun seinerseits die Andorraner zwingt, ihn als ›ihren Jud anzunehmen‹, so beschränkt auch Ill sein soziales Verhalten darauf, seine Mitbürger zur Konsequenz zu zwingen. Er hilft ihnen aus ihrer angemaßten Richterrolle, in die sie hineingeschlittert sind und der sie sich schließlich zu entziehen suchen, nicht heraus. Mit einer Erbarmungslosigkeit, die der Claires nicht nachsteht, weist er das Ansinnen des Bürgermeisters zurück, aus ›Gemeinschaftsgefühl‹ den Güllenern die blutige Vollendung ihres Leichtsinns abzunehmen; die Angst, die er allein ausstehen und besiegen mußte, hat jeden sozialen Bezug in ihm zerstört:
›Hättet ihr mir diese Angst erspart..., würde ich das Gewehr nehmen, euch zuliebe... Aber nun schloß ich mich ein, besiegte meine Furcht. Allein... Ein Zurück gibt es nicht. Ihr *müßt* nun meine Richter sein..., ich klage nicht, protestiere nicht, wehre mich nicht, aber euer Handeln kann ich euch nicht abnehmen.‹
Doch damit ist nur die Perspektive des Helden selbst umschrieben. Mag dieser, ganz auf sich konzentriert und seiner Mitwelt auf eine noch radikalere Weise entfremdet als seine frühere Geliebte, die Mittel-Zweck-Beziehung zwischen seinem eigenen Tun und dem Gedeihen seiner Mitbürger zerreißen, die mannigfachen Anklänge der ›Alten Dame‹ an das antike Tragödienschema suggerieren dennoch, diese Beziehung hypothetisch herzustellen, und dann erscheint der Tod Ills als auf ähnliche Weise ›sinnlos‹ wie der Tod Frau Johns in Hauptmanns Tragikomödie ›Die Ratten‹, wie der Tod Hetmanns in Wedekinds ›Hidalla‹ oder der Tod der

VIII. Texte zur Diskussion

Gefallenen in Frischs ›Nun singen sie wieder‹. Auch Dürrenmatts ›Komödien‹ zeigen, wie Heldentum und Tragödienschreiben auf Bedingungen angewiesen sind, die jenseits des Helden in der umgebenden Gesellschaft liegen. Sie zeigen es in der Negation: Ills Opfer wird nachträglich desavouiert, sein Sinn ins Gegenteil verkehrt durch die Kommentare und Handlungen einer Mitwelt, die das Pendant des Heldentums, eine der Gesinnung des Helden korrespondierende Bewußtseinsbeschaffenheit, vermissen läßt. An die Stelle der tragischen Reinigung der mythischen Polis tritt in Güllen die Befleckung, an die Stelle der Erneuerung die Fortführung der altgewohnten ›Wurstelei‹.

Die Gegenbildlichkeit zur antiken Tragödie ist offenbar ebensowenig an erster Stelle parodistischer Natur wie die verfremdende Umfunktionierung klassischer Szenen und Zitate im Werk Brechts. ›Im mythischen Reich einer antiken Polis‹, daran hält Dürrenmatt fest, wäre Ills Tod ein uneingeschränkt ›sinnvoller‹ Opfertod gewesen. Aber eben nur dort: ›... nun spielt sich die Geschichte in Güllen ab. In der Gegenwart.‹ Schauplatz der ›Alten Dame‹ ist ein Gemeinwesen, dessen Angehörige weder das Format zu eigenem tragischen Tun besitzen noch die Fähigkeit, dem potentiell tragischen Handeln eines anderen durch ein korrespondierendes Ethos seinen Sinn zu geben. Diese durch Güllen repräsentierte ›Gegenwart‹, die den Tod des Helden seiner gesellschaftlichen Erfüllung und damit das tragische Schema seiner Wirklichkeitsangemessenheit beraubt, ist der Hauptangriffspunkt der Tragödienkontrafaktur. In Frage gestellt wird nicht eine literarische Gattung schlechthin, sondern ihre Zeitgemäßheit und vor allem das, was diese Zeitgemäßheit verhindert: die Bedingungen, die die ungebrochene Anwendung des Tragödienschemas ›nicht mehr möglich‹ machen. Dürrenmatt mißt weniger die Tragödie an der ›Gegenwart‹ als die ›Gegenwart‹ an der Tragödie, genauer: an dem durch die antike Tragödie festgehaltenen mythischen Gesellschaftszustand. Der Sinn des blasphemischen Schlußhymnus am Ende der ›Alten Dame‹ ist nicht eine billige Persiflage des durch Anklänge vergegenwärtigten Chorliedes aus der ›Antigone‹, vielmehr bildet umgekehrt der Sophokles-Text die Kontrastfolie, die die Verblendung der Gülleer erst recht hervortreten läßt. Dürrenmatts ›Alte Dame‹ ist als ›Komödie‹ ein ›Gegenentwurf‹, eine Konfrontation einzelner tragischer Elemente mit einer ›heruntergekommenen‹ Welt, die diesen Elementen die Rundung zur ›Tragödie‹ verwehrt. Die Möglichkeiten der Tragödie (bzw. des kultischen Tragödientyps, auf den sich Dürrenmatt hier bezieht) sind zusammengeschmolzen auf einen erbärmlichen Rest, auf eine Schwundstufe, in der als Tragödie höchstens noch die Unausführbarkeit der Tragödie gelten kann.«

»So verwunderlich die trotz aller Gedämpftheit unverkennbar heroisierende Zeichnung der genannten Figuren [z. B. Ill] bei einem Autor ist, der im übrigen seinen potentiellen Heldengestalten ihre Gloriole auf jede mögliche Weise zu entziehen sucht, sie wird verständlich aus seiner Überzeugung, alles, was im öffentlichen Bereich die Anstrengungen des einzelnen zur Narrheit mache, betreffe den Bereich des ›Privaten‹ nicht im selben Grade, nicht mit derselben Zwangsläufigkeit; in der ›Welt des einzelnen‹ gebe es noch die Chance sinnvollen Tuns: ›Die Chance liegt allein noch beim einzelnen. Der einzelne hat die Welt zu bestehen. Von ihm aus ist alles wieder zu gewinnen. Nur von ihm, das ist seine grausame Einschränkung‹, heißt es in den Thesen ›Vom Sinn der Dichtung in unserer Zeit‹ (1956), und ähnlich äußert sich Dürrenmatt ein Jahr später in der Ansprache anläßlich der Verleihung des Kriegsblindenpreises:
[...]
Dorthin vorzustoßen, durch die Schichten der Politik hindurch, sei die Aufgabe des Schriftstellers. Vom Primat eines solchen gleichsam metapolitischen Bereichs handelt Dürrenmatt, wenn er am Schluß der Schiller-Rede, Schillerdeutung und eigene Überzeugung zusammenfassend, apodiktisch formuliert:
›Der Mensch ist nur zum Teil ein politisches Wesen, sein Schicksal wird sich nicht durch seine Politik erfüllen, sondern durch das, was jenseits der Politik liegt, was nach der Politik kommt. Hier wird er leben oder scheitern.‹
Am aufdringlichsten wird die Diskrepanz, die in Dürrenmatts Welt zwischen diesen beiden Bereichen besteht, in der ›Alten Dame‹. Indem die Anklänge an das mythisch-tra-

VIII. Texte zur Diskussion

gische Schema den von Ill selbst als Privatangelegenheit behandelten Sühnetod zugleich in seiner potentiellen Bedeutsamkeit für das Gemeinwesen zeigen, liegt der Kontrast der beiden Dimensionen offen zutage. Auf diese doppelte Bedeutung des Opfertodes bezieht sich offenbar der Untertitel ›Eine tragische Komödie‹: Ein tragischer Sühnetod vollzieht sich in einer Umgebung, die des tragischen Formats entbehrt. Und auf dieselbe doppelte Bedeutung bezieht sich Dürrenmatts Anmerkung, Ills Tod sei ›sinnvoll und sinnlos zugleich‹. [...] hier ist nur festzuhalten, daß Dürrenmatt auf die Darstellung eines ›Sinnes‹ inmitten der ›Sinnlosigkeit‹ nicht verzichtet. Mit Nachdruck entfaltet er das tragische Phänomen der Überwindung im Untergang, verleiht demselben Tod, der ›im äußeren Sinne‹ eine himmelschreiende Torheit ist, zugleich eine repräsentative ›Monumentalität‹ und stilisiert den Geopferten nicht nur zu einem ›widerlegten‹, sondern auch zu einem ›wirklichen Helden‹. Wichtigste Bedingung eines solchen Verfahrens ist eben jene Betrachtungsweise, die neben der gesellschaftlichen Dimension einen Bezirk des ›Eigenen‹ statuiert, der dem gesellschaftlichen gegenüber autonom und unangreifbar bleibt.«

»Die vorbildliche Haltung eines ›mutigen Menschen‹ wird zwar noch vorgeführt, doch ihre Vorführung trägt nicht mehr den Hauptakzent. Hervorhebenswerter als das ›in einer inneren Weise‹ sinnvolle Verhalten des Helden [...] scheint dem Autor dessen ›äußere‹ Wirkungslosigkeit zu sein.
Ebenso verfährt er im ›Besuch der alten Dame‹ mit dem als ›sinnvoll und sinnlos zugleich‹ beschriebenen Tod Ills. Die Anordnung dieser beiden Aspekte im Aufbau des Werkes läßt erkennen, daß Dürrenmatt den Akzent nicht so sehr auf den ›Sinn‹ als auf die ›Sinnlosigkeit‹ legt – und das, obwohl der ›sinnvolle‹ Aspekt den Kern seiner Ethik berührt. Erheblicher für den Autor, der ›keine Moral‹, sondern ›eine Welt‹ zu entwerfen sucht, ist offenbar die Vorführung derer, die die soziale Vergeblichkeit dieses Todes erweisen. So – und nur so – wird die ›Alte Dame‹ nicht ein ›positives‹, sondern ein ›ehrliches‹ und ›böses‹ Stück, das weniger von menschlicher ›Größe‹ als von menschlicher

›Schwäche‹ handelt, von Mord und der Entlohnung der Mörder, von der Umdeutung des Mordes zur Pflicht im Namen derselben abendländischen Ideale, um derentwillen er zunächst verworfen wurde. [...] So gewiß in der ›Alten Dame‹ der ›Sinn‹ der Sühnetat des Helden außer Frage steht, so deutlich wird er doch – das ist geradezu das Thema des Stückes – in seiner Begrenztheit gezeigt, als bezogen ausschließlich auf die sogenannte ›Welt des einzelnen‹. [...] Schauplatz des ›Besuchs der alten Dame‹ ist ›Güllen‹: ›...nun spielt sich die Geschichte in Güllen ab. In der Gegenwart‹, heißt es vielsagend in Dürrenmatts ›Anmerkung‹. Schon aus diesem einen Satz läßt sich die Gestaltung des Finales ableiten. Ist das Thema des Dichters ›die Gegenwart‹, kann er als Ausklang seines Werkes nicht die Opfertat des isolierten einzelnen wählen, sondern nur deren grelles Gegenstück, den Triumph der Verblendung der Überlebenden und Weiterwurstelnden. Der Vorgang muß zur ›Komödie‹ fortentwickelt werden, zur demonstrativen Anti-Tragödie, gekrönt durch die blasphemische Adaptation des Antigone-Chorliedes, die [...] dem Zuschauer die naive Identifikation und Erbauung vergehen macht.«

(Profitlich: Friedrich Dürrenmatt. Komödienbegriff und Komödienstruktur. Eine Einführung. Stuttgart, Berlin u. a.: Kohlhammer 1973. S. 65 f., 78 f. und 104 f.)

Manfred D u r z a k :

»Zugleich könnte man sagen, daß in Claire ein zentrales Bild, das Dürrenmatt in vielen seiner Dramen zur Deutung der Wirklichkeit verwendet, gesellschaftspolitisch variiert wird. Gemeint ist das Bild des Henkers, den ja ebenfalls die schrankenlose Willkür gegenüber allen andern, gegenüber der Wirklichkeit schlechthin auszeichnet. Auf die Genealogie dieser Dürrenmattschen Zentralmetapher wurde schon verschiedentlich aufmerksam gemacht. Der Henker erscheint bereits in *Es steht geschrieben* als die irrational gesetzte Machtinstanz, die im Dienst einer sinnlosen Geschichte die Menschen liquidiert. Zum Bild des Henkers erweitert sich die Rolle des politisch Mächtigen am Beispiel Theoderichs im *Romulus*. Als Henker, wie Claire vom Ideal absoluter

VIII. Texte zur Diskussion

Gerechtigkeit besessen, erwies sich auch der Staatsanwalt Mississippi in der *Ehe des Herrn Mississippi*. Aber gerade im Vergleich zu Mississippi erweist sich der Unterschied in der Henkersrolle Claires.
Während Mississippi seine Macht nur postuliert, verfügt Claire real über diese Quasi-Allmacht, nämlich auf Grund ihres Reichtums. Diese an der Organisation der Handlung aufgewiesene Transponierung des grotesken Komödienstoffes ins Tragische läßt auch die zahlreichen Hinweise im fortlaufenden Text des Stückes auf diese Nähe zu mehr als bloßen Parodien werden. So äußert der Lehrer, der bezeichnenderweise zugleich derjenige ist, der Ill vor dem Ausbruch der Katastrophe zu helfen versucht, aber dann ebenfalls resigniert und an dem Kollektivmord teilnimmt, kurz nach Claires Ankunft über sie: ›Kommt mir vor wie eine Parze, wie eine griechische Schicksalsgöttin [...] Ich bin erschüttert. Zum ersten Male in Güllen fühle ich antike Größe‹ (274). Was hier als Bildungsfloskel ins Spiel gebracht wird, kommt der Wirkung von Claires tatsächlicher Rolle erstaunlich nahe. Das gleiche gilt für die Worte des Lehrers in jener Szene im dritten Akt, als er und der Arzt Claire umzustimmen versuchen: ›Sie verlangen absolute Gerechtigkeit. Wie eine Heldin der Antike kommen Sie mir vor, wie eine Medea‹ (314). Diese hier parodistisch an der Person Claires orientierten Feststellungen, die einen Bezug zur griechischen Tragödie herstellen, erweitern sich gegen Schluß des dritten Aktes zu einer Szene, die in einem chorischen Wechselgesang Sophokles' *Antigone* parodiert: ›Vieles Gewaltige gibt's / Doch nichts ist gewaltiger als der Mensch.‹ Bereits im *Romulus* war die *Antigone* am Beispiel der Kaisertochter Rea parodiert worden, die sich beim Deklamieren der antiken Verse in eine Haltung hineinsteigerte, die auf dem Hintergrund der Realität zur Pose wurde. Doch erst hier im *Besuch der alten Dame* zeigt sich in dieser Parodie mehr als ein punktueller Angriff auf museale Traditionen.
Denn das ›Welt-Happy-end‹ (344), in das Dürrenmatt sein Stück einmünden läßt, stellt geradezu die Umkehrung jener reinigenden Wirkung dar, die auf die Katastrophe in der antiken Tragödie folgt. Während sich am Ende von Sophokles' *Antigone* der Blick auf die rätselhafte göttliche

Ordnung und die moralische Größe des Menschen öffnet,
wird bei Dürrenmatt jede als Katharsis zu bezeichnende
Wirkung absorbiert. Die Güllener Welt wird nicht in ihren
Grenzen erkannt, sondern vielmehr verabsolutiert. Der perfektionierte Konsum verwandelt diese Welt in eine Art
Paradies: ›Die einst graue Welt hat sich in etwas technisch
Blitzblankes verwandelt, mündet in ein Welt-Happy-end
ein [...] die Güllener, Frauen und Männer in Abendkleidern und Fräcken, zwei Chöre bildend, denen der griechischen Tragödie angenähert, nicht zufällig, sondern als
Standortsbestimmung, als gäbe ein havariertes Schiff, weit
abgetrieben, die letzten Signale‹ (344). Dürrenmatts Hinweis, daß die Einfügung dieser Parodie als Standortsbestimmung zu verstehen sei, ergibt sich durchaus folgerichtig
auf dem Hintergrund der strukturellen Nähe, die die Fabel
zur griechischen Tragödie besitzt. Ja, man könnte unter
Verwendung seiner Komödiendefinition diese Transponierung der Tragödie in die Komödie so beschreiben, daß in
der Komödie die schlimmst-mögliche Wendung einer Tragödie hervortritt. Die Katastrophe der Tragödie wird sozusagen noch weitergetrieben, indem jene Gesetzmäßigkeit,
die die Tragödie unangetastet ließ, die Ordnung der Götter
und die sittliche Kraft des Menschen, sich als Fiktion erweist. Und beginnt Sophokles seinen Schlußchor mit einer
Anrufung des Menschen, so heißt es bei Dürrenmatt durchaus konsequent: ›Ungeheuer ist viel [...] / Doch nichts ungeheurer als die Armut [...]‹ (344). Die Gesetze des Konsums haben die moralischen Gesetzmäßigkeiten ersetzt. Der
Säkularisierungsprozeß ist ans Ende gelangt. Der Widerstreit zwischen dem von Gott verhängten Schicksal und dem
moralischen Vermögen des Menschen hat sich auf die Alternative Armut oder unbegrenzter Konsum eingeebnet: ein
Höhepunkt, der sich als umfassende Veräußerlichung aller
idealen Haltungen verstehen läßt.«

(Durzak: Dürrenmatt, Frisch, Weiss. Stuttgart 1972. S. 96 f.)

Eduard S c h w e i z e r :

»Das erste, was sichtbar wird, ist dies, daß sich hier alles in
einer völlig *entgötterten Welt* abspielt. Das tritt besonders

VIII. Texte zur Diskussion

kraß in Erscheinung, weil sich das Geschehen stark der antiken Tragödie annähert. Unentfliehbar zieht sich vom ersten bis zum letzten Akt das Schicksal über Ill zusammen. Aber es sind keine Erinnyen, die ihn in Angst und Untergang hetzen. Rings um ihn sind ja nur seine Mitbürger versammelt, gewiß schwach und der Versuchung des Reichtums nicht standhaltend, aber freundlich und human, Ill das Beste wünschend. Aber da sind die neuen gelben Halbschuhe, die plötzlich an ihren Füßen auftauchen; da ist der Goldzahn im Munde des Polizisten; da ist die Schokolade, die die Mädchen Güllens kauen. All diese Dinge verfolgen ihn Tag und Nacht und lassen den Angstschweiß auf seiner Stirn ausbrechen. Kein Deus ex machina erscheint, um alles zu lösen. Einzig mit der Realität des Todes dringt so etwas wie eine andere Dimension in den Ablauf der Dinge herein. Am krassesten tritt die Entgötterung im Schlußchor ans Licht, der deutlich und bewußt Sophokles imitiert. Aber in welch blasphemischer Weise! Der Chor ist nicht mehr jene aus dem Geschehen herausgehobene, es von höherer Warte aus kommentierende Schar. Es sind keine den irdischen Wirrnissen fast enthobene ›Engel‹, die hier göttliches Gesetz künden; es sind die Güllener, deren Chorlied keinerlei Läuterung aufweist, sondern im Gegenteil nur den Lobpreis des Geldes singt und um das Andauern des Wohlstandes fleht. Ein Göttersturz sondergleichen ist hier vollzogen.

[...]

Freilich, die Entgötterung ist eine totale. Und hier wird vermutlich der schärfste Widerspruch aufbrechen. Solange sie nur die Götter der andern trifft, lassen wir uns solche Entgötterung wohl gefallen. Es dürfen dann sogar ganz modernisierte Götter sein, etwa die des Kommunismus, *wenn* es nur die der andern sind. Hier aber werden wir selbst mit ins Spiel hineingenommen, und es ist nicht nur ein – ja längst nicht mehr sensationeller – Theaterkniff, wenn im letzten Akt der Zuschauerraum mit zur Bühne wird. Da tönt es nur so von ›Forderungen sittlicher Natur‹, ›humanistischen Traditionen‹ und ›Prinzipien‹, denen man ›treu‹ bleibt. Und alles ist so verlogen wie das ›Felsenfest‹, das die beiden Mädchen im Laden Ills sagen. ›Felsenfest‹ wollen sie zu Ill stehen. Nur haben sie dummerweise gerade bei dieser entscheidenden Wendung des Gesprächs den Mund derart voller Schokolade, daß das Wort fast unverständlich durch den Schokoladebrei hindurch zu uns dringt. Es ist die Schokolade, die sie gekauft haben, weil sie – wohl ganz unbewußt – doch schon mit der Milliarde der alten Dame rechnen, die mit Ills Leben erkauft werden muß.

Das Christentum ist von dieser *Entthronung aller Phrasen* nicht ausgenommen. Die ›christliche Fürsorge‹ erscheint im Leben der Claire sehr früh, als der Ort nämlich, an dem ihr Kind stirbt. Und der Güllener Pfarrer spielt ebenfalls mit. Er ist gerade deswegen so erschütternd, weil er – wie alle diese Bürger – keineswegs derart karikiert ist, daß man sich selbst nicht mehr dahinter sehen könnte. Er meint es ja ganz gut mit Ill, und als dieser in höchster Seelennot zu ihm kommt, da versucht er ein seelsorgerliches Gespräch, und wenn er es auch sehr rasch abbricht, so hat er doch plausible Gründe dafür, nicht etwa nur den Wunsch, jetzt ins Bett zu gehen: er muß taufen, die Kirchenglocken läuten schon. Im letzten Akt ist er immerhin der einzige, der sich noch zum Angeklagten auf die Bank setzt, und der dann jenen Satz ausspricht, der doch einige Einsicht voraussetzt: daß er sich nämlich jetzt eigentlich mehr fürchten müsse als Ill. Auch er ist nur zu schwach, um den Lauf der Dinge aufzuhalten. Aber gerade so verfehlt er doch das Wort. Wenn er Ill mahnt: ›Durchforschen Sie Ihr Gewissen‹, dann hat auch er nur weiche Moral geboten, wo er das harte, alle Verlogenheit vernichtende und gerade so wirklich aufrichtende Evangelium hätte verkünden müssen. Am erschütterndsten erscheint mir das in jener beiläufigen Bemerkung, die er ganz im Anfang einmal macht, wo er im Gespräch mit einem Güllener den Vorbehalt anbringt: ›... außer Gott‹, worauf der andere sich sofort beeilt, diesen Vorbehalt selbstverständlich anzunehmen. Der Gott, den dieser Pfarrer meint, ist eine Selbstverständlichkeit, die niemand bestreitet, weil sie niemanden mehr stört. Er ist eben nur ein letzter Vorbehalt, der als ›transzendente Ergänzung‹ noch jenseits des Randes unseres wirklichen Lebens herumgeistert.

All dies ballt sich zusammen in den zynischen Bemerkungen der alten Dame, die feststellt, *sie* könne sich Gerechtigkeit

VIII. Texte zur Diskussion

leisten, weil man *alles* kaufen könne, vor allem aber in jener schaurigen, weil so schrecklich phrasenhaften Szene, in der die Güllener voll Gerechtigkeitspathos dann schließlich Ill zum Tode verurteilen. Es wird ja nicht behauptet, daß hinter all diesen Worten nicht echte Werte stecken könnten; aber mit einer nicht leicht zu überbietenden ätzenden Schärfe werden allerdings alle Phrasen zertrümmert.

Ich kann dazu nur sagen, daß hier ein Gericht über alle ›Gerechtigkeit vom Menschen her‹ ergeht, wie es – auf ganz anderer Ebene – ähnlich nur bei Amos oder im Römerbrief zu finden ist. Selbstverständlich soll nicht gesagt werden, diese Tragikomödie sei so etwas wie ein zweiter Römerbrief; aber ich wüßte nicht, wo anders die Schärfe dieses Gerichtes, das doch nicht einfach nihilistisch wirkt, ihren Wurzelgrund hätte als dort.

Dürrenmatt schreibt für das Theater. Er predigt nicht, und ich werde mich hüten, ihn zum Pfarrer zu stempeln. Wer aber etwas vom Evangelium gehört hat, der weiß, woher dieses Stück lebt – und zwar so lebt, daß es nicht nur niederschmettert, sondern den Zuschauer in Bewegung setzt und auf einen Weg schickt –, ob es der Dichter sagt oder nicht sagt, weiß oder nicht weiß. Wenn ich mich recht erinnere, kommt das Wort ›Gott‹ zweimal vor. Das erstemal in jenem pfarrherrlichen Vorbehalt, der so selbstverständlich ist, daß er niemanden aufregt, und dann in jenem Ausruf Ills im letzten Akt nach der verlogenen Phrasendrescherei des Bürgermeisters: ›Mein Gott!‹ In einer ganz merkwürdigen Weise wird dieser Ausruf herausgehoben. Die Filmleute, die diese Szene für die Wochenschau aufnehmen, erklären nämlich, es habe etwas bei der Aufnahme nicht geklappt, und bitten um Wiederholung. Und der Bürgermeister läßt seine Platte bereitwillig nochmals laufen und wiederholt all seine Phrasen wörtlich. Aber den ›ergreifenden Ausbruch des Herzens‹ kann Ill nicht wiederholen trotz allem Zureden der enttäuschten Operateure. Damit ist doch mehr als deutlich gesagt: Hier ist zum erstenmal echte Rede, die nicht beliebig wiederholbare Phrase ist. Hier ist so etwas wie ein Bekenntnis, das aus der wirklichen Existenz des Sprechers herausgewachsen ist. Ist es wirklich *nur* Zufall, daß es das so überaus sparsam verwendete Wort

›Gott‹ ist? Freilich, es ist mehrdeutig, und der Autor unterstreicht es ja durch das absolute Mißverständnis der Leute von der Wochenschau. Offenbar liegt es beim Hörer, was er daraus hört. Vielleicht ist es nichts als ein abgründiges, echtes Entsetzen über alle Verlogenheit. Aber darf man nicht mindestens *fragen*, ob es nicht auch an jenes ›Mein Gott ...‹ anklingt, das uns vom Gekreuzigten überliefert ist: ›Mein Gott, mein Gott, warum hast du mich verlassen?‹ [...] Vielleicht ist das schon zuviel gesagt. Aber jedenfalls wird von Ill dort, wo er von seinem bevorstehenden Tod spricht, das entscheidende Wort des ganzen Spiels aufgenommen: ›Für *mich* ist es Gerechtigkeit; was es für euch ist, weiß ich nicht.‹ Um dieses Wissens willen wählt er nicht den ihm angebotenen leichteren Weg des Selbstmordes, sondern reicht die Waffe zurück: ›Das müßt ihr schon selbst tun.‹ Ist nicht jener Satz ›Für mich ist es Gerechtigkeit‹ schon dadurch als echt charakterisiert, daß er *so* formuliert ist, nicht in der Verallgemeinerung der Phrase, sondern so, daß ihn ein Mensch ausspricht aus der Realität *seines* gelebten Lebens und *seines* jetzt zu erleidenden Todes heraus? Im Annehmen des Gerichtes wird er ja im Lauf des letzten Aktes wirklich befreit von der Verlogenheit Güllens zu jener trotz aller Angst, die Ill gar nicht verhehlt, doch letztlich friedvollen Ruhe, in der er plötzlich die Schönheit der Wälder und Hügel sehen kann.
[...]
Es ist sicher, der Tod Ills erlöst Güllen nicht. (Nur in Klammern gesagt: wie sollte er? wie sollte gerade ein Theologe, der das Evangelium auszulegen hat, so etwas erwarten?) Und doch, lebt nicht gerade in dieser Tragikomödie der Schrei nach der Gemeinde? *Fragt* nicht gerade dieser schreckliche Schlußchor der Gülleneer weit eindringlicher als irgendein Happy-End den Zuschauer, ob er sich mit diesem Chor identifizieren oder sich von der Gestalt Ills etwas sagen lassen will?«

(Schweizer: Friedrich Dürrenmatt, Besuch der alten Dame. In: Reformatio 5 [März 1956] S. 156–161)

IX. Literaturhinweise

1. Ausgaben

Der Besuch der alten Dame. Zürich 1956.
Der Besuch der alten Dame. In: F. D., Komödien I. Zürich 1957.

2. Dürrenmatt zur Poetik der Komödie

Theater-Schriften und Reden. Hrsg. von Elisabeth Brock-Sulzer. Zürich 1966. Darin:
  Der Rest ist Dank. Rede, gehalten im Schauspielhaus Zürich anläßlich der Übergabe des Großen Preises der Schweizerischen Schillerstiftung am 4. Dezember 1960 an Dürrenmatt (S. 71–74);
  Theaterprobleme (S. 92–131);
  Anmerkung zur Komödie (S. 132–137);
  Standortbestimmung zu »Frank V.« (S. 184–189);
  21 Punkte zu den Physikern (S. 193 f.);
  Friedrich Schiller. Rede, gehalten bei der Verleihung des Schillerpreises der Stadt Mannheim an den Autor am 9. November 1959 (S. 214 bis 233).
Dramaturgisches und Kritisches. Theater-Schriften und Reden II. Zürich 1972. Darin:
  Zwei Dramaturgien? (S. 128–131);
  Dramaturgie des Publikums (S. 138–155);
  Dramaturgische Überlegungen zu den »Wiedertäufern« (S. 162–178).
  Auch in: F. D., Komödien III. Zürich 1970. S. 175–183.

3. Forschungsliteratur

a) Bibliographien

Hansel, Johannes: Friedrich Dürrenmatt-Bibliographie. Bad Homburg 1968. (Bibliographien zum Studium der deutschen Sprache und Literatur. Bd. 3.)
Jonas, Klaus W.: Die Dürrenmatt-Literatur (1947–1967). In: Börsenblatt für den Deutschen Buchhandel. Frankfurter Ausgabe (23. Juli 1968) S. 1725–38.
Wilbert-Collins, Elly: A Bibliography of Four Contemporary German-Swiss-Authors. Friedrich Dürrenmatt, Max Frisch, Robert Walser, Albin Zollinger. The author's publications and literary criticism relating to their works. Bern 1967.

b) Zu Autor und Werk

Allemann, Beda: Die Struktur der Komödie bei Frisch und Dürrenmatt. In: Hans Steffen [Hrsg.], Das deutsche Lustspiel. T. 2. Göttingen 1969. S. 200–217.

Askew, Melvin W.: Dürrenmatt's »The Visit of the Old Lady«. In: The Tulane Drama Review 5 (1961) Nr. 4, S. 89–105.

Bänziger, Hans: Frisch und Dürrenmatt. Fünfte, neu bearbeitete Auflage. Bern u. München 1967.

Bienek, Horst: Werkstattgespräche mit Schriftstellern. München 1962. S. 99–112. Auch als dtv-Band: München 1965 (Nr. 291).

Brock-Sulzer, Elisabeth: Friedrich Dürrenmatt. Stationen seines Werkes. Neue erweiterte Auflage. Zürich 1964.

Dick, E. S.: Dürrenmatts »Der Besuch der alten Dame«. Weltliteratur und Ritualspiel. In: Zeitschrift für deutsche Philologie 87 (1968) S. 498–509.

Durzak, Manfred: Dürrenmatt, Frisch, Weiss. Deutsches Drama der Gegenwart zwischen Kritik und Utopie. Stuttgart 1972. S. 31–143.

Goodman, Randolph: Friedrich Dürrenmatt »The Visit«. In: The Drama on Stage. New York 1961. S. 378–423.

Heilmann, Robert: Tragic Elements in a Durrenmatt Comedy. In: Modern Drama 10 (1967/68) S. 11–16.

Hortenbach, Jenny C.: Biblical Echoes in Dürrenmatt's »Der Besuch der alten Dame«. In: Monatshefte 57 (1965) S. 145–161.

Immoos, Thomas: Dürrenmatts protestantische Komödie. In: Schweizer Rundschau 72 (1973) S. 271–280.

Jauslin, Christian M.: Friedrich Dürrenmatt. Zur Struktur seiner Dramen. Zürich 1964.

Jenny, Urs: Friedrich Dürrenmatt. Velber b. Hannover ⁴1970. (Friedrichs Dramatiker des Welttheaters. Bd. 6.)

Klarmann, Adolf D.: Friedrich Durrenmatt and the Tragic Sense of Comedy. In: Travis Bogard u. William J. Oliver [Hrsg.], Modern Drama. Essays in Criticism. New York 1964. S. 99–133.

Lefcourt, Charles R.: Dürrenmatt's Güllen and Twain's Hadleyburg. The Corruption of Two Towns. In: Revue des Langues Vivantes 33 (1967) S. 303–308.

Loram, Ian C.: »Der Besuch der alten Dame« and »The Visit«. In Monatshefte 53 (1961) S. 15–21.

Mayer, Hans: Dürrenmatt und Brecht oder die Zurücknahme. In: Reinhold Grimm u. a. [Hrsg.], Der unbequeme Dürrenmatt. Basel 1962. (Theater unserer Zeit. Bd. 4.) S. 97–116.

Mayer, Hans: Friedrich Dürrenmatt. In: Zeitschrift für deutsche Philologie 87 (1968) S. 482–498.

Nef, Ernst: [Bericht über eine Dürrenmatt-Inszenierung der »Alten Dame« in veränderter Fassung.] In: German Life and Letters 13 (1959/60) S. 226 f.

Oberle, Werner: Grundsätzliches zum Werk Friedrich Dürrenmatts. In: Reinhold Grimm u. a. [Hrsg.], Der unbequeme Dürrenmatt. Basel 1962. (Theater unserer Zeit. Bd. 4.) S. 9–29.

Profitlich, Ulrich: Der Zufall in den Komödien und Detektivromanen Friedrich Dürrenmatts. In: Zeitschrift für deutsche Philologie 90 (1971) S. 258–280.

Profitlich, Ulrich: Friedrich Dürrenmatt, Komödienbegriff und Komödienstruktur. Eine Einführung. Stuttgart, Berlin u. a. 1973. (Sprache und Literatur 86.)

Profitlich, Ulrich: Friedrich Dürrenmatt. In: Deutsche Dichter der Gegenwart. Hrsg. von Benno von Wiese. Berlin 1973.

Reed, Eugene E.: Durrenmatt's »Der Besuch der alten Dame«. A Study in the Grotesque. In: Monatshefte 53 (1961) S. 9–14.

Waldmann, Günter: Dürrenmatts paradoxes Theater. Die Komödie des christlichen Glaubens. In: Wirkendes Wort 14 (1964) S. 22–35.

c) Zur Wirkungsgeschichte

Bänziger, Hans: Kurze Startbahnen. Schweizer Literaturbrief. In: Merkur 11 (1957) S. 991–996.

Brock-Sulzer, Elisabeth: Dürrenmatt (Der Besuch der alten Dame). In: Charivari 107 (1956) Nr. 5, S. 1 ff.

Franzen, Erich: Der Besuch. In: Frankfurter Allgemeine Zeitung (8. Februar 1956).

Heer, Friedrich: Politische Tragödie. Der Besuch der alten Dame. In: Die Furche 12 (1956) Nr. 38, S. 13.

Hubacher, Edwin: Der Besuch der alten Dame. Betrachtung zur Uraufführung des neuen Stückes von Friedrich Dürrenmatt im Zürcher Schauspielhaus. In: Die Volksbühne 34 (1956) Nr. 2, S. 10–12.

Jacobi, Hansres: Der Anti-Brecht. In: Die politische Meinung (1957) S. 93.

Linzer, Martin: »Der Besuch der alten Dame« von Friedrich Dürrenmatt im Schillertheater Berlin. In: Theater der Zeit 12 (1957) Nr. 6, S. 48 f.

Luft, Friedrich: Friedrich Dürrenmatt »Besuch der alten Dame« (Kritik zur Aufführung im Schiller-Theater am 11. April 1957). In: Henning Rischbieter [Hrsg.], Berliner Theater 1945–1961. Hannover 1961. S. 242–244.

Schweizer, Eduard: Friedrich Dürrenmatt, Besuch der alten Dame. In: Reformatio 5 (1956) S. 154–161.

Wälterlin, Oskar: Zu Dürrenmatts »Der Besuch der alten Dame«. In: Programmheft des Schauspielhauses Zürich (1955/56) Nr. 10, S. 3.

George, Manfred: »Der Besuch« von Dürrenmatt – verfilmt mit Ingrid Bergman. In: Universitas (1965) H. 1, S. 105 f.

Schlappner, Martin: Der Besuch der jungen Dame. Ein Abschnitt aus einem Filmbericht. In: Neue Zürcher Zeitung (15. Mai 1964).

Anonym: Ungeheuer abgeändert. In: Der Spiegel 17 (6. Februar 1963) Nr. 6, S. 78–80.

Anonym: Der Besuch der alten Dame. Zur Uraufführung von Gottfried von Einems Dürrenmatt-Vertonung an den Wiener Festwochen. In: Neue Zürcher Zeitung (28. Mai 1971).

Anonym: Der Besuch der alten Dame. Schweizerische Erstaufführung der Oper von Gottfried von Einem im Opernhaus Zürich. In: Neue Zürcher Zeitung (8. September 1971).

d) Zu Geschichte und Theorie des Dramas im 20. Jahrhundert

Angermeyer, Hans Christoph: Zuschauer im Drama. Brecht – Dürrenmatt – Handke. Frankfurt a. M. 1971. (Literatur und Reflexion. Bd. 5.)

Guthke, Karl S.: Geschichte und Poetik der deutschen Tragikomödie. Göttingen 1961.

Guthke, Karl S.: Die moderne Tragikomödie. Theorie und Gestalt. Göttingen 1968. (Kleine Vandenhoeck-Reihe. Nr. 270.)

Hinck, Walter: Von der Parabel zum Straßentheater. Notizen zum Drama der Gegenwart. In: Helmut Kreuzer [Hrsg.], Gestaltungsgeschichte und Gesellschaftsgeschichte. Stuttgart 1969. S. 583–603.

Hinck, Walter: Das moderne Drama in Deutschland. Vom expressionistischen zum dokumentarischen Theater. Göttingen 1973. (Sammlung Vandenhoeck.)

Kesting, Marianne: Das Epische Theater. Zur Struktur des modernen Dramas. Stuttgart ^{5}1972. (Urban Bücher. Bd. 36.)

Kesting, Marianne: Das deutsche Drama seit Ende des Zweiten Weltkriegs. In: Manfred Durzak [Hrsg.], Die deutsche Literatur der Gegenwart. Stuttgart 1971. S. 76–98.

Klotz, Volker: Geschlossene und offene Form im Drama. München ^{5}1970. (Literatur als Kunst.)

Mennemeier, Franz Norbert: Modernes deutsches Drama II. München 1975. (Uni-Taschenbücher.)

Mittenzwei, Werner: Gestaltung und Gestalten im modernen Drama. Zur Technik des Figurenaufbaus in der sozialistischen und spätbürgerlichen Dramatik. Berlin ^{2}1969.

Szondi, Peter: Theorie des modernen Dramas. Frankfurt a. M. 1959. (edition suhrkamp. Bd. 27.)

Taëni, Rainer: Drama nach Brecht. Möglichkeiten heutiger Dramatik. Basel 1968. (Theater unserer Zeit. Bd. 9.)

e) Zum Strukturmerkmal des Grotesken

Grimm, Reinhold: Parodie und Groteske im Werk Dürrenmatts. In: R. G. u. a. [Hrsg.], Der unbequeme Dürrenmatt. Basel 1962. (Theater unserer Zeit. Bd. 4.) S. 71–96.

Heidsieck, Arnold: Das Groteske und das Absurde im modernen Drama. Stuttgart 1969. (Sprache und Literatur 53.)

Heidsieck, Arnold: Die Travestie des Tragischen im deutschen Drama. In: Volkmar Sander [Hrsg.], Tragik und Tragödie. Darmstadt 1971. (Wege der Forschung. Bd. 108.) S. 456–481.

Kayser, Wolfgang: Das Groteske. Seine Gestaltung in Malerei und Dichtung. Oldenburg u. Hamburg ²1961.

Pietzcker, Carl: Das Groteske. In: Deutsche Vierteljahrsschrift für Literaturwissenschaft und Geistesgeschichte 45 (1971) S. 197–211.

Sander, Volkmar: Form und Groteske. In: Germanisch-Romanische Monatsschrift N. F. 14 (1964) S. 303–311.

Völker, Klaus: Das Phänomen des Grotesken im neueren deutschen Drama. In: Sinn oder Unsinn? Das Groteske im modernen Drama. Fünf Essays von Martin Esslin u. a. Basel 1962. (Theater unserer Zeit. Bd. 3.) S. 9–46.

Für die freundliche Genehmigung zum Abdruck von Zitaten und Auszügen aus urheberrechtlich geschützten Werken danken Herausgeber und Verlag den einzelnen Rechteinhabern. Die genauen Quellennachweise finden sich jeweils unter den Zitaten.

Inhalt

I. Wort- und Sacherklärungen 3
II. Daten zur Biographie und zum dramatischen Werk Dürrenmatts 13
   1. Zur Biographie 13
   2. Dürrenmatts dramatische Werke 15
III. Dürrenmatt zur Entstehung seiner Theaterstücke 20
IV. Das Echo der Uraufführung 31
V. Dürrenmatt zur Poetik der Komödie 49
VI. Zum Grotesken und Paradoxen in den Komödien Dürrenmatts 60
VII. Zur Geschichte und Bedeutung des Chores im Drama 67
VIII. Texte zur Diskussion 76
IX. Literaturhinweise 87

Friedrich Dürrenmatt

Romane	Das Versprechen – Grieche sucht Griechin
Erzählungen	Die Stadt. Frühe Prosa – Die Panne – Der Sturz
Dramen	Ein Engel kommt nach Babylon – Der Besuch der alten Dame – Romulus der Große – Es steht geschrieben – Der Blinde – Frank V. – Die Physiker – Herkules und der Stall des Augias – Der Meteor – Die Wiedertäufer – König Johann – Play Strindberg – Titus Andronicus – Die Ehe des Herrn Mississippi (Bühnenfassung und Drehbuch zum Film) – Porträt eines Planeten – Komödien I. Sammelband – Komödien II und frühe Stücke. Sammelband – Komödien III. Sammelband
Hörspiele	Nächtliches Gespräch – Das Unternehmen der Wega – Der Prozeß um des Esels Schatten – Abendstunde im Spätherbst – Stranitzky und der Nationalheld – Herkules und der Stall des Augias – Der Doppelgänger – Die Panne – Gesammelte Hörspiele
Reden und Essays	Theater-Schriften und Reden I und II – Theaterprobleme. Essay – Friedrich Schiller. Rede – Monstervortrag über Gerechtigkeit und Recht – Sätze aus Amerika – Friedrich Dürrenmatt, Stationen seines Werkes. Monographie (Herausgegeben von E. Brock-Sulzer)

Im Verlag der Arche Zürich

Erläuterungen und Dokumente

zu Goethe, *Iphigenie auf Tauris*. Hrsg. J. Angst und F. Hackert. 8101 – zu Schiller, *Wilhelm Tell*. Hrsg. J. Schmidt. 8102 – zu Grillparzer, *König Ottokars Glück und Ende*. Hrsg. K. Pörnbacher. 8103 – zu Büchner, *Dantons Tod*. Hrsg. J. Jansen. 8104 – zu Hebbel, *Maria Magdalena*. Hrsg. K. Pörnbacher. 8105 – zu Kleist, *Michael Kohlhaas*. Hrsg. G. Hagedorn. 8106 – zu Goethe, *Hermann und Dorothea*. Hrsg. J. Schmidt. 8107 [2] – zu Lessing, *Minna von Barnhelm*. Hrsg. J. Hein. 8108 – zu Stifter, *Brigitta*. Hrsg. U. Dittmann. 8109 – zu Grillparzer, *Weh dem, der lügt!* Hrsg. K. Pörnbacher. 8110 – zu Lessing, *Emilia Galotti*. Hrsg. J.-D. Müller. 8111 [2] – zu Stifter, *Abdias*. Hrsg. U. Dittmann. 8112 – zu Goethe, *Die Leiden des jungen Werthers*. Hrsg. K. Rothmann. 8113 [2] – zu Keller, *Romeo und Julia auf dem Dorfe*. Hrsg. J. Hein. 8114 – zu Mann, *Tristan*. Hrsg. U. Dittmann. 8115 – zu Shakespeare, *Hamlet*. Hrsg. H.-H. Rudnick. 8116 [3] – zu Büchner, *Woyzeck*. Hrsg. L. Bornscheuer. 8117 – zu Lessing, *Nathan der Weise*. Hrsg. P. v. Düffel. 8118 [2] – zu Fontane, *Effi Briest*. Hrsg. W. Schafarschik. 8119 [2] – zu Schiller, *Don Carlos*. Hrsg. K. Pörnbacher. 8120 [3] – zu Keller, *Das Fähnlein der sieben Aufrechten*. Hrsg. J. Schmidt. 8121 – zu Goethe, *Götz von Berlichingen*. Hrsg. V. Neuhaus. 8122 [2] zu Kleist, *Der zerbrochne Krug*. Hrsg. H. Sembdner. 8123 [2] – zu Lenz, *Die Soldaten*. Hrsg. H. Krämer. 8124 – zu Hauptmann, *Bahnwärter Thiel*. Hrsg. V. Neuhaus. 8125 – zu Goethe, *Egmont*. Hrsg. H. Wagener. 8126 [2] – zu Hebbel, *Agnes Bernauer*. Hrsg. K. Pörnbacher. 8127 [2] – zu Nestroy, *Talisman*. Hrsg. J. Hein. 8128 – zu Frisch, *Biedermann und die Brandstifter*. Hrsg. I. Springmann. 8129 [2] – zu Dürrenmatt, *Der Besuch der alten Dame*. Hrsg. K. Schmidt. 8130 – zu Kaiser, *Von morgens bis mitternachts*. Hrsg. E. Schürer. 8131 [2]

Philipp Reclam jun. Stuttgart